Aymo Brunetti Wirtschaftskrise ohne Ende?

Aymo Brunetti

Wirtschaftskrise ohne Ende?

US-Immobilienkrise
Globale Finanzkrise
Europäische Schuldenkrise

hep der bildungsverlag

der bildungsverlag
www.hep-verlag.ch

Aymo Brunetti
Wirtschaftskrise ohne Ende?
US-Immobilienkrise | Globale Finanzkrise | Europäische Schuldenkrise
ISBN 978-3-03905-883-9

Umschlag und Gestaltung: Atelier Mühlberg, Basel

Bibliografische Information der Deutschen Nationalbibliothek:
Die Deutsche Nationalbibliothek verzeichnet diese Publikation
in der Deutschen Nationalbibliografie; detaillierte bibliografische Daten
sind im Internet über http://dnb.d-nb.de abrufbar.

3. Auflage 2012

hep verlag ag
Brunngasse 36
CH-3011 Bern

www.hep-verlag.ch

Zusatzangebote und -material zu diesem Buch:
http://mehr.hep-verlag.ch/wirtschaftskrise

VORWORT

Seit fünf Jahren befindet sich die Weltwirtschaft permanent im Krisenmodus; und ein Ende scheint nach wie vor kaum absehbar. Angesichts der Abfolge von Schocks – vom Platzen der Blase auf dem US-Häusermarkt über die Panik auf den globalen Finanzmärkten bis zum Verschuldungsdrama im Euroraum – ist es kaum übertrieben, von einem wirtschaftlichen Jahrhundertereignis zu sprechen.

Dieses Ereignis knapp und fundiert zu erklären – das ist der Anspruch des vorliegenden Buches. Es zeigt auf, wie die langjährige, facettenreiche Krise entstanden ist, wie Regierungen und Zentralbanken darauf reagiert haben und welche Herausforderungen noch anstehen. Dabei werden wenige, einfache Konzepte verwendet und die Zusammenhänge zwischen den verschiedenen krisenhaften Ereignissen betont. Das Buch richtet sich einerseits an wirtschaftlich interessierte Leserinnen und Leser, die sich in geraffter Form einen Überblick über die Zusammenhänge verschaffen wollen. Andererseits ermöglicht es aber auch denjenigen einen Einstieg, die sich mit Wirtschaftsfragen bisher nicht so intensiv beschäftigt haben oder die das Gefühl haben, die Übersicht über die Ereignisse der letzten Jahre etwas verloren zu haben.

In meiner Tätigkeit als Dozent und wirtschaftspolitischer Praktiker habe ich noch nie ein so großes Interesse an wirtschaftlichen Themen erlebt wie im Zusammenhang mit dieser Krise. Gleichzeitig konnte ich bisher in der ganzen Fülle von Publikationen zur Krise keinen relativ kurzen Text entdecken, den ich Kollegen oder Studierenden als Überblick oder Einstieg hätte empfehlen können. In Vorträgen und Vorlesungen entwickelte ich deshalb Schritt für Schritt das Material, das schließlich zum vorliegenden Buch führte. Damit man mich richtig versteht: Es gibt keinen Mangel an hervorragenden und interessanten Publikationen zu verschiedenen Aspekten der Krise (vgl. Literaturverzeichnis). Was aber meines Erachtens fehlt, ist eine kurze Einführung, die mit wenigen Konzepten die Essenz der gesamten Krise und die wichtigsten Zusammenhänge darstellt; in dieser Hinsicht hoffe ich, hier einen Beitrag leisten zu können.

Bei der Erarbeitung des vorliegenden Buches erhielt ich wertvolle Rückmeldungen von sehr vielen Personen. Besonders danken möchte ich Peter Bernholz, Marcel Bühler und Ronald Indergand für ihre ausführlichen und sehr hilfreichen Kommentare. Wichtige Hinweise erhielt ich zudem von Simon Jäggi, Boris Kaiser, Rolf Weder und Boris Zürcher. Ein besonderer Dank gilt schließlich dem professionellen und begeisterungsfähigen Team beim hep verlag. Hervorheben möchte ich dabei die außerordentlich gute und angenehme Zusammenarbeit mit dem Projektleiter Manuel Schär; das Buch hat sehr von seinen kompetenten Rückmeldungen profitiert.

Vorwort zur 3. Auflage

Bei Redaktionsschluss dieser 3. Auflage im Juli 2012 ist die Sorge um eine drohende Bankenkrise nach wie vor groß. Die Entwicklung seit der Publikation der 1. Auflage im Juni 2011 verdeutlicht, dass diese globale Krise auch fünf Jahre nach Beginn der Turbulenzen noch nicht ausgestanden ist. Diese neuste Zuspitzung zeigt ein weiteres Mal, dass es sich lohnt, sich mit den Hintergründen der gesamten Krise und damit den Ursachen der ganzen Probleme zu befassen. Denn es sind keinesfalls neue Entwicklungen, die zu den aktuellen Turbulenzen geführt haben. Vielmehr lassen sich auch diese zu einem guten Teil auf das Grundproblem zurückführen: Die übermäßige Verschuldung und das zu riskante Verhalten großer, stark miteinander verflochtener Banken.

Dass dieses Buches auf die zentrale Rolle der Banken in allen Phasen der Krise ausgerichtet ist, erweist sich auch für die Erklärung der jüngsten Turbulenzen als angemessen. Weil das Buch zudem die grundsätzlichen Mechanismen betont, ohne jede einzelne Entwicklung nachzeichnen zu wollen, gab es kaum Bedarf, den Text anzupassen.

Ich danke Hans-Otto Weiland für hilfreiche Kommentare, die es mir erlaubt haben, einen Abschnitt klarer zu formulieren.

INHALT

EINFÜHRUNG

Erste deutliche Anzeichen dafür, dass auf den internationalen Finanzmärkten etwas Ungewöhnliches im Gange war, machten sich mitten in den Sommerferien des Jahres 2007 bemerkbar. Banken in verschiedenen Ländern berichteten immer häufiger, dass sie Mühe hätten, ihre kurzfristigen Kredite von anderen Banken zu erneuern. Bei einigen war die Situation so dramatisch, dass sie sich akut von der Zahlungsunfähigkeit bedroht sahen. Am 9. August wurde die Situation so heikel, dass die wichtigsten Zentralbanken begannen, die Märkte mit großen Mengen an Geld zu versorgen, um den Zusammenbruch von Banken zu verhindern. Dieses Datum wird heute als Beginn der großen Finanz- und Wirtschaftskrise betrachtet, welche die Welt seither mit unterschiedlicher Intensität in Atem hält. Bis in den Herbst 2008 blieben die Turbulenzen noch weitgehend auf einzelne Banken beschränkt. Mit dem Kollaps der US-amerikanischen Investmentbank Lehman Brothers im September 2008 erfasste die schwelende Krise aber sehr rasch die globalen Finanzmärkte und führte zum tiefsten Einbruch der Weltwirtschaft seit dem Zweiten Weltkrieg. Die europäische Schuldenkrise, die im Frühjahr 2010 begann und seither anhält, war dann der nächste Akt dieses Dramas.

Ausgangspunkt der gesamten Krisenkaskade waren Ereignisse auf dem US-amerikanischen Häusermarkt. In der Folge einer außergewöhnlichen Preissteigerung für Immobilien wurden auf einem Teil des US-amerikanischen Häusermarktes zunehmend riskante Kredite vergeben. Solche Übertreibungen sind typisch für Finanzmarktblasen, die es in vielen Ländern immer wieder gegeben hat. Doch angesichts der schlimmen Folgen war diese eine Blase offensichtlich etwas ganz anderes, und damit stellt sich die Frage, die sich wohl schon viele gestellt haben: Wie konnten Ereignisse auf dem im globalen Maßstab doch eher kleinen US-amerikanischen Häusermarkt die Weltwirtschaft derart ins Wanken bringen?

Wir werden die Antwort auf diese Frage Schritt für Schritt herleiten. Dabei wird sich die außerordentliche Risikobereitschaft zahlreicher Banken als der wohl wichtigste Erklärungsfaktor für das Ausmaß der Krise erweisen. Um dies besser zu verstehen, werden wir eine einfache Analyse des Bankgeschäfts und seiner Risiken ins Zentrum unserer Darstellung stellen. Die Diskussion des Krisenverlaufs sowie die anschließende Analyse der wirtschaftspolitischen Reaktionen werden es zudem erlauben, zahlreiche wichtige ökonomische Zusammenhänge an einem relevanten Fallbeispiel zu erläutern.

Das Buch ist wie folgt aufgebaut:

Teil I zeichnet die wichtigsten Etappen der Krise nach, zudem werden die besonderen Risiken des Banking – der Kern zum Verständnis der Ereignisse – anhand des Konzeptes einer stark vereinfachten Bankbilanz erläutert. Dieses Konzept kann in der Folge immer wieder verwendet werden.

Teil II widmet sich den Fehlentwicklungen auf dem US-Immobilienmarkt und deren abrupter Korrektur, die den Ausgangspunkt der Krise darstellten.

In Teil III zeichnen wir Schritt für Schritt die wichtigsten Etappen der globalen Krise nach. Sie beginnt mit einer Bankenkrise, setzt sich mit einer globalen Wirtschaftskrise fort und mündet schließlich in die Verschuldungskrise im Euroraum.

In Teil IV wenden wir uns dann den wirtschaftspolitischen Maßnahmen zur Bekämpfung der Krise zu. Sie waren ebenso spektakulär wie die Krise selbst und haben die Weltwirtschaft möglicherweise vor einer Wiederholung der Großen Depression der 1930er-Jahre bewahrt.

Teil V schließlich diskutiert die Herausforderungen für die Zukunft. Es wird aufgezeigt, dass gerade die spektakulären wirtschaftspolitischen Reaktionen einige Risiken mit sich gebracht haben, sodass bis zur endgültigen Überwindung der Krise noch verschiedene Hürden zu meistern sind.

Um den Leserinnen und Lesern die Übersicht zu erleichtern, sind die Teile III, IV und V jeweils gleich aufgebaut, indem zuerst die Ereignisse im Bankensystem, dann diejenigen in der Weltwirtschaft und schließlich diejenigen in der Eurozone behandelt werden.

ABLAUF UND HAUPTDARSTELLER DER KRISE

I

1 EINSTIEG UND KRISENVERLAUF

- Eine Wiederholung der Großen Depression?
- Ein Ereignis aus heiterem Himmel?
- Die Chronologie der Krise

2 DIE BANKEN ALS HAUPTDARSTELLER

- Wenn besorgte Einleger vor den Bankschaltern Schlange stehen
- Warum sind Banken speziell?
- Was tun Banken?
- Warum ist Banking ein besonders riskantes Geschäft?
- Die außerordentliche Risikofreudigkeit der Banken vor der Krise

1 EINSTIEG UND KRISENVERLAUF

Eine Wiederholung der Großen Depression?

Am 6. April 2009 erschien auf dem europäischen Ökonomenportal voxEU ein kurzer Beitrag, der rasch alle Leserekorde pulverisierte. Nach zwei Tagen hatten ihn bereits 30 000, nach einer Woche 100 000 Personen angeklickt. Der Artikel stellte eine ganz einfache Frage und gab darauf eine erschreckende Antwort. Die Frage lautete, ob die Finanz- und Wirtschaftskrise mit der Großen Depression der 1930er-Jahre vergleichbar sei. Die Antwort lautete, zumindest bezogen auf einige globale Indikatoren, für den Zeitpunkt der Publikation eindeutig Ja. Wenn man sich vor Augen hält, welche wirtschaftliche Katastrophe die Große Depression darstellte – die Arbeitslosigkeit in vielen Ländern war während Jahren höher als 20 Prozent, und das Wachstum brach um zweistellige Raten ein –, wird einem die Tragweite dieser Aussage bewusst.

Die beiden Autoren Barry Eichengreen und Kevin O'Rourke, beides bekannte Wirtschaftshistoriker, verwendeten bei ihrer Analyse eine ganz einfache Methode. Sie verfolgten für die beiden Krisen die Entwicklung gut messbarer makroökonomischer Größen von dem Zeitpunkt an, in dem die Werte zu fallen begannen. Dieser Zeitpunkt war der Juni 1929 für die Große Depression und der April 2008 für die aktuelle Krise. Weil es sich in beiden Fällen um ein globales Ereignis handelte, wählten sie dafür weltweite Durchschnittswerte.[1] Abbildung 1 zeigt ihre Daten für die Industrieproduktion links und für den internationalen Handel rechts.

Für die Große Depression zeigt die Grafik den Verlauf der ersten sechs Jahre nach Ausbruch der Krise und für die aktuelle Finanzkrise die ersten neun Monate, also die Daten, die zum Zeitpunkt der Publikation im April 2009 verfügbar waren. Es wird sofort ersichtlich, warum diese Publikation derart hohe Wellen warf: Die weltweite Industrieproduktion zeigte in der aktuellen Krise einen ähnlichen, ja sogar eher noch etwas negativeren Verlauf als bei der wirtschaftlichen Katastrophe vor 80 Jahren. Und vollends erschreckend war der Blick auf die Entwicklung des Welthandels. Hier war der Rückgang eindeutig stärker als zu Beginn der Großen De-

ABBILDUNG 1

Eine Wiederholung der Großen Depression?

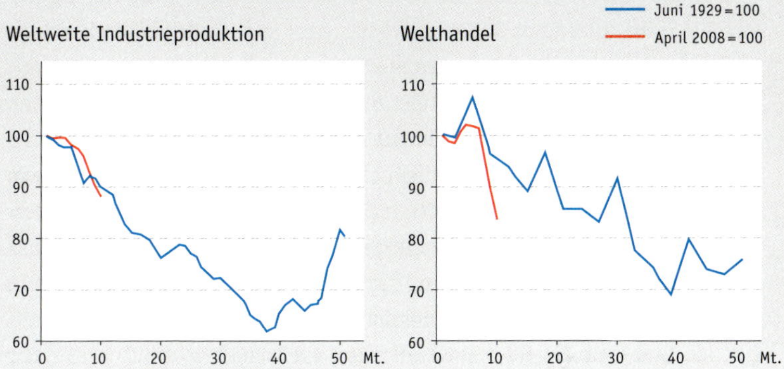

Quelle: Eichengreen und O'Rourke (2010)

pression. Die beiden Autoren zogen aus ihrer Analyse den lapidaren Schluss, dass zumindest das erste Jahr der Krise auf ein Ereignis in der Größenordnung der Großen Depression schließen lasse.

Ein Ereignis aus heiterem Himmel?

Wenig deutete zu Beginn dieses Jahrtausends auf eine solch dramatische Entwicklung hin. Vielmehr blickte man auf derart stabile weltwirtschaftliche Verhältnisse zurück, dass viele von der sogenannten *great moderation*, der großen Beruhigung also, sprachen. Die Periode von Mitte der 1980er-Jahre bis 2007 war in der Tat gekennzeichnet von moderaten Konjunkturschwankungen, stark rückläufiger und stabiler Inflation und vorhersehbarer Geld- und Fiskalpolitik. Auch an sich destabilisierende Ereignisse wie der Irakkrieg oder die Terroranschläge vom 11. September 2001 widerspiegelten sich kaum in den makroökonomischen Daten. Und selbst das Platzen der New-Economy-Blase, also der übersteigerten Begeisterung für Internetunternehmen zu Beginn des Jahrtausends, führte zwar zu massiven Einbrüchen der Aktienmärkte, mündete aber nur in einer relativ milden Rezession. Viele Ökonominnen und Ökonomen waren denn auch unmittelbar vor der Krise der Ansicht, dass die Zeit großer

Konjunktureinbrüche vorbei sei und dass man sich anderen makroökonomischen Themen zuwenden könne.

Bei aller Zuversicht über die allgemeine Stabilität war sich die ökonomische Zunft allerdings schon bewusst, dass sich in der Weltwirtschaft einige bedeutende Ungleichgewichte aufgebaut hatten, die irgendwann einmal korrigiert werden mussten. Als zentrales Problem wurde die Tatsache gesehen, dass die USA Jahr für Jahr wesentlich mehr importierten als exportierten, also letztlich über ihre Verhältnisse lebten. Und diese Leistungsbilanzdefizite finanzierten die USA mit einer dauernd wachsenden Verschuldung bei anderen Ländern. In diesem Zusammenhang wurde auch immer wieder festgehalten, dass die Ersparnisbildung in den USA – die der Haushalte, der Unternehmen oder des Staates – generell sehr tief lag und sich die US-amerikanische Gesellschaft laufend weiter verschuldete.

Nur wenige aber sahen mit genügender Deutlichkeit das grundlegende Problem, das hinter diesen Entwicklungen steckte, nämlich die wachsende Risikobereitschaft aller Akteure. Regnet es lange Zeit nicht, werden immer mehr Leute ohne Schirm nach draußen gehen, da das Risiko, von einem Regenguss überrascht zu werden, immer mehr in Vergessenheit gerät. Ähnlich verhalten sich die Menschen bei ihren ökonomischen Entscheidungen: Wächst die Wirtschaft lange Zeit ohne große Schwankungen, werden viele die Risiken von Einbrüchen immer weniger stark gewichten. Und entsprechend werden sie mit der Zeit etwa bei ihren Investitionsentscheiden immer größere Risiken eingehen. Genau diesen Mechanismus konnte man – wir werden das in der Folge sehen – vor der Krise beobachten. Die lange Jahre dauernde Stabilität führte zu unvorsichtigerem Verhalten vieler, wodurch sich große Risiken aufbauten. Die Krise hat uns schmerzhaft in Erinnerung gerufen, dass in solchen Fällen die Korrekturen oft sehr plötzlich auftreten und einschneidend sind.

Die Chronologie der Krise

In der öffentlichen Diskussion spricht man heute meist von der Finanz- und Wirtschaftskrise oder einfach von der Finanzkrise. Diese Bezeichnung verschleiert allerdings die Tatsache, dass es sich eigentlich um eine Abfolge von Krisen handelte, die eng miteinander zusammenhingen, aber jeweils verschiedene Bereiche betrafen. Es begann 2006/2007 mit einer

Immobilienkrise in einigen Ländern, vor allem in den USA. Darauf folgte 2007/2008 eine Bankenkrise, die, von den USA ausgehend, sich sehr rasch global ausbreitete. Mit dem bekanntesten Ereignis der Krise, dem Konkurs der US-amerikanischen Investmentbank Lehman Brothers im Herbst 2008, weitete sich die Bankenkrise zu einer globale Wirtschaftskrise aus, die vor allem 2009 zu massiven konjunkturellen Einbrüchen führte. Und als (vorläufig?) Letztes traf es ab 2010 den Euroraum, in dem eine eigentliche Schuldenkrise ausbrach. Sie hatte (und hat) das Potenzial, eine weitere Bankenkrise auszulösen.

Wir werden die Abfolge der Krisen Schritt für Schritt nachzeichnen und die wichtigsten Hintergründe erläutern. Damit man sich dabei besser zurechtfindet, sind in der folgenden Box die bedeutendsten Entwicklungen chronologisch aufgeführt.

Chronologie der wichtigsten Ereignisse

Die Ursprünge der Krise auf dem US-Immobilienmarkt

2002–2006	Die Preisexplosion («Blase») auf dem US-amerikanischen Immobilienmarkt entsteht. Die schon seit Mitte der 1990er-Jahre rasante Preissteigerung für Häuser beschleunigt sich noch einmal drastisch.
2004–2006	In zunehmendem Maße werden risikobehaftete Hypothekarkredite an US-Haushalte mit zweifelhafter Zahlungsfähigkeit *(subprime)* vergeben.
2006–2007	Die Häuserpreise in den USA beginnen erstmals seit Jahrzehnten landesweit stark zu fallen; dies setzt sich in den folgenden Jahren fort.
2007	Die Preise von Wertpapieren, die auf der Bündelung von Hypotheken beruhen (*asset backed securities*, ABS), brechen in starkem Maße ein; diese Papiere finden sich direkt oder indirekt in großer Zahl in den Bilanzen der global tätigen Banken.

Die Bankenkrise beginnt und breitet sich weltweit aus

August 2007	Banken realisieren zunehmend, dass andere Banken problematische Kredite vergeben hatten, die sie existenziell bedrohen; das gegenseitige Vertrauen ist erschüttert, und die Banken vergeben sich deshalb gegenseitig deutlich weniger Kredite.
2007–2008	Die Zentralbanken stellen den Banken in zunehmendem Maß liquide Mittel (kurzfristige Kredite) zur Verfügung; es gelingt, die Situation etwas zu beruhigen. Einzelne Banken werden durch den Staat gerettet.
15.9.2008	Die US-Investmentbank Lehman Brothers geht in Konkurs. Damit beginnt eine dramatische globale Finanzkrise. Die Banken gewähren sich gegenseitig keine Kredite mehr; zahlreiche große Banken sind in ihrer Existenz bedroht.
2008–2009	Die Zentralbanken vergeben in bisher völlig ungekanntem Ausmaß kurzfristige Kredite an die Banken, um Konkurswellen zu vermeiden. Zahlreiche Banken in verschiedenen Ländern werden durch den Staat gerettet.

Die Bankenkrise wird zur weltweiten Wirtschaftskrise

Ende 2008	Die Aktienkurse fallen stark, der Welthandel erleidet den größten Einbruch seit dem Zweiten Weltkrieg.

2009	Weltweit verschlechtert sich die Konjunkturlage. In zahlreichen Ländern war 2009 das Jahr mit dem stärksten Wirtschaftseinbruch in Friedenszeiten seit der Großen Depression in den 1930er-Jahren.
2009–2010	Zentralbanken und Regierungen bekämpfen den Konjunktureinbruch mit massiv expansiver Geld- und Fiskalpolitik, also vor allem mit einer Ausweitung der Geldmenge und zusätzlichen Staatsausgaben.
2010–2012	Zögerliche, von vielen Rückschlägen gekennzeichnete wirtschaftliche Erholung in den meisten Ländern. Die Arbeitslosigkeit bleibt meist hoch, die Staatsverschuldung steigt zum Teil stark an.
Die Ereignisse lösen eine Staatsverschuldungskrise in Europa aus	
2009–2010	Massive Budgetdefizite und tiefe Rezessionen lassen die Schuldenquote in den sogenannten GIPS-Ländern (Griechenland, Irland, Portugal und Spanien) so stark ansteigen, dass sich die Zinsen für die Staatsverschuldung dieser Länder massiv erhöhen.
Mai 2010	Der drohende Staatsbankrott von Griechenland gefährdet die Solvenz der europäischen Banken. Die Euroländer beschließen deshalb, das Land mit insgesamt 110 Milliarden Euro zu unterstützen.
Mai 2010	Gemeinsam mit dem Internationalen Währungsfonds (IWF) spannen die Euroländer einen gigantischen finanziellen Rettungsschirm von bis zu 750 Milliarden Euro für vom Bankrott bedrohte Mitgliedsstaaten auf; die Situation beruhigt sich etwas.
Nov. 2010	Auch Irland, dessen Staatsfinanzen wegen der Rettung der maroden Banken völlig aus dem Ruder gelaufen sind, erhält Unterstützung aus dem Rettungsschirm, und zwar in Höhe von knapp 70 Milliarden Euro.
März 2011	Die Eurostaaten beschliessen, zur Ablösung des Rettungsschirms bis 2013 einen permanenten Europäischen Stabilitätsmechanismus zu schaffen.
April 2011	Auch Portugal ist nicht mehr in der Lage, die Schuldenlast zu tragen, und erhält Unterstützung aus dem Rettungsschirm in der Höhe von rund 80 Milliarden Euro.
August 2011	Auch Italien wird zunehmend von den Turbulenzen erfasst. Um die Situation zu beruhigen, beginnt die Europäische Zentralbank (EZB), italienische Staatsanleihen zu kaufen.
Juni 2012	Spanien beantragt Unterstützung aus dem Rettungsschirm; mit bis zu 100 Milliarden Euro sollen spanische Banken bei der dringend nötigen Rekapitalisierung unterstützt werden.

2 DIE BANKEN ALS HAUPTDARSTELLER

Diese Krise kann man nur verstehen, wenn man sich mit den Akteuren befasst, die sie letztlich ausgelöst haben: den Banken. Direkt oder indirekt sind sie die Hauptdarsteller bei der Entstehung und Verbreitung dieses weltwirtschaftlichen Dramas. Sie stehen deshalb auch im Zentrum der Bemühungen, ähnliche Krisen in Zukunft zu vermeiden. Banken und ihre wichtigsten Geschäfte und Risiken in den Grundzügen zu verstehen, ist das Ziel dieses Kapitels.

Wenn besorgte Einleger vor den Bankschaltern Schlange stehen

Am 14. September 2007 bildeten sich vor den Schaltern der britischen Bank Northern Rock lange Schlangen von Kundinnen und Kunden, die ihre Ersparnisse abheben wollten. Auslöser war eine Meldung, dass die damals achtgrößte Bank Großbritanniens wegen der beginnenden Finanzkrise in Schwierigkeiten zu geraten drohe. Die Kundschaft fürchtete deshalb um die Sicherheit ihrer Einlagen und hob innerhalb von wenigen Tagen insgesamt rund 2 Milliarden Pfund ab. Erst als der britische Finanzminister bekannt gab, dass die Regierung während der Krisenzeit alle Kundengelder garantiere, beruhigte sich die Situation.

Was bei Northern Rock vor sich ging, war ein sogenannter *bank run*, ein panikartiger Abzug von Kundeneinlagen. Ein solches Ereignis ist für jede Bank ein eigentlicher GAU. Findet eine solche Panik nicht ein rechtzeitiges Ende, geht auch die solideste Bank innert kürzester Zeit in Konkurs.

Dieses Risiko ist ganz spezifisch für das Bankgeschäft – bei anderen Unternehmen besteht es in dieser Form nicht. Die Finanzkrise wurde letztlich durch eine spezielle Variante eines *bank runs* ausgelöst, wie wir in den kommenden Kapiteln erläutern werden. Das Ausmaß der Krise lässt sich jedenfalls nur verstehen, wenn die speziellen Risiken des Banking betrachtet werden. Im Folgenden wird deshalb mit einem einfachen Konzept aufgezeigt, warum Banken so besonders krisenanfällig sind.

Warum sind Banken speziell?

Was Banken so speziell macht, lässt sich in einer einfachen Feststellung zusammenfassen: Sie sind deutlich stärker verschuldet als alle anderen Unternehmen. Man kann dies am besten anhand ihrer Bilanz erkennen. Eine Bilanz stellt für einen bestimmten Zeitpunkt die Verwendung der finanziellen Mittel eines Unternehmens der Herkunft dieser Mittel gegenüber. Auf der rechten Seite (Passiven) finden sich die Finanzierungsquellen; sie gibt also Auskunft darüber, woher die Mittel stammen. Auf der linken Seite (Aktiven) wird aufgeführt, wofür diese Mittel verwendet werden, also was dem Unternehmen gehört. Da jede Anlage finanziert sein muss, steht auf der Aktiv- und Passivseite der Bilanz jeweils die gleiche Summe.

In Abbildung 2 sehen wir eine auf das absolute Minimum vereinfachte Bilanz eines typischen Industrieunternehmens links und einer typischen Bank rechts. Uns interessiert vorerst nur, wie die beiden Unternehmen finanziert sind, wir konzentrieren uns also hier auf die Passivseite; später werden wir auch die Aktivseite unter die Lupe nehmen.

ABBILDUNG 2

Banken sind immer stark verschuldet

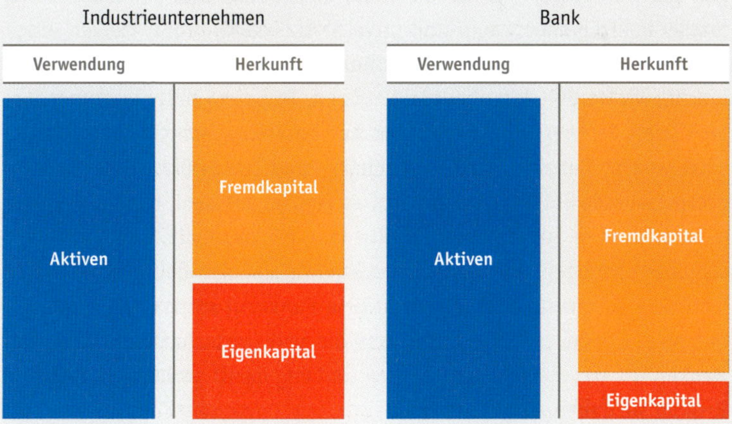

Eigene Grafik

Jedes Unternehmen (und auch jede Privatperson) hat grundsätzlich zwei Möglichkeiten, seine Aktivitäten zu finanzieren. Entweder verfügt es über eigene Mittel, oder es muss sich die Mittel von anderen beschaffen. Im ersten Fall werden diese Mittel als Eigenkapital bezeichnet, im zweiten Fall als Fremdkapital. Die Höhe des Fremdkapitals im Verhältnis zur gesamten Bilanzsumme zeigt, wie hoch die Verschuldung oder – um einen in den letzten Jahren oft verwendeten Begriff einzuführen – der *leverage* des Unternehmens ist.

In Abbildung 2 sehen wir, dass bei einem typischen Industrieunternehmen der Anteil des Fremdkapitals nicht wesentlich höher ist als derjenige des Eigenkapitals, während eine Bank mit einem viel größeren Anteil an Fremdkapital arbeitet. Ein Beispiel: Unmittelbar vor der Finanzkrise verfügte die Schweizer Großbank UBS auf einer Bilanzsumme von 2010 Milliarden Franken über ein Eigenkapital von 41 Milliarden Franken, also von gerade einmal 2 Prozent; fast die gesamte Finanzierung kam also nicht von den Eigentümern! Beim typischen Schweizer Industrieunternehmen Rieter waren es zur gleichen Zeit etwa 35 Prozent.

Wenn man diese Verschuldung betrachtet, könnte man leicht zur Ansicht gelangen, dass Banking ein unseriöses Geschäft sei. Und man könnte daraus schließen, dass das ungewöhnliche Verhältnis von Fremd- zu Eigenkapital über Staatseingriffe in normale Größenordnungen zu bringen sei. Nun zeigte sich in der Krise tatsächlich, dass gewisse Banken massiv überschuldet waren und unverhältnismäßig große Risiken eingegangen waren. Hier ist eine Erhöhung des Eigenkapitals sicher angebracht; wir werden darauf zurückkommen. Trotzdem sollte man sich aber im Klaren darüber sein, dass nicht nur unseriöse, sondern *alle* Banken stark verschuldet sind. Ihr Kerngeschäft – und ihre zentrale Rolle für eine prosperierende Volkswirtschaft – ist es gerade, mit Geld, das nicht ihnen gehört, Kredite zu vergeben. Wollte man sie tatsächlich zu Eigenkapitalquoten zwingen, wie sie in Industrieunternehmen üblich sind, würde man ihre volkswirtschaftlich wichtigste Funktion stark erschweren. Damit sind wir bei der Kernfrage, was die volkswirtschaftliche Rolle der Banken ist, was sie also genau tun – und eng damit verbunden, welchen Risiken sie dabei ausgesetzt sind.

Was tun Banken?

Die Kreditvergabe: Das klassische Bankgeschäft

Das Kerngeschäft einer Bank ist die Kreditvergabe. Die meisten Unternehmen finanzieren ihre Investitionen nicht direkt über den Kapitalmarkt, sondern indirekt über Banken. Diese sind dabei sogenannte Intermediäre zwischen Sparern und Investoren. Sie sammeln von den Sparern Einlagen und vergeben diese dann als Kredite an Unternehmen (oder im Falle von Hypotheken an Haushalte).

Dabei besteht die zentrale volkswirtschaftliche Aufgabe von Banken darin, das Problem des unterschiedlichen Zeithorizonts von Haushalten (Sparern) und Unternehmen (Investoren) zu lösen. Haushalte möchten möglichst jederzeit über ihr Erspartes verfügen können, das heißt, am liebsten würden sie sich überhaupt nicht binden und ihr Geld ganz kurzfristig anlegen. Unternehmen (oder Haushalte, die Häuser finanzieren möchten) hingegen benötigen die Gelder, um zu investieren. So gut wie jede Investition hat aber einen langfristigen Charakter; es ist kaum möglich, einmal investiertes Geld rasch und ohne substanzielle Verluste wieder zu Geld zu machen. Will man diese beiden Marktseiten mit sehr unterschiedlichen Interessen trotzdem zusammenführen, hilft es sehr, wenn sich jemand dazwischenschaltet, der diese ungleichen Anforderungen an die Fristen ausgleichen kann. Diese sogenannte Fristentransformation ist die Kernaufgabe von Banken. Sie sammeln große Mengen an kurzfristigen Spargeldern ein, bündeln sie und stellen sie Unternehmen für langfristige Investitionsprojekte zur Verfügung. Das ist deshalb möglich, weil in der Regel immer nur ein kleiner Teil der Sparer sein Geld gleichzeitig abheben möchte. Die Bank kann deshalb das Risiko eingehen, nicht alle Kundengelder jederzeit auszahlen zu können. Dieses Risiko führt aber dazu, dass Banken – ohne entsprechende Vorsichtsmaßnahmen – in schlechten Zeiten in sehr ungemütliche Situationen kommen können.

Bei diesem klassischen Bankgeschäft verdient die Bank an der sogenannten Zinsdifferenz, das heißt, sie zahlt den Einlegern einen Zins, der tiefer liegt als der Zins, den sie den Kreditnehmern berechnet. Aus diesem Grund wird diese Transaktion oft auch als Zinsdifferenzgeschäft bezeichnet. Abbildung 3 zeigt die Auswirkungen dieses Geschäftes auf die einfache Bankbilanz.

ABBILDUNG 3

Die Kreditvergabe mit geliehenem Geld – Was eine Bank zur Bank macht

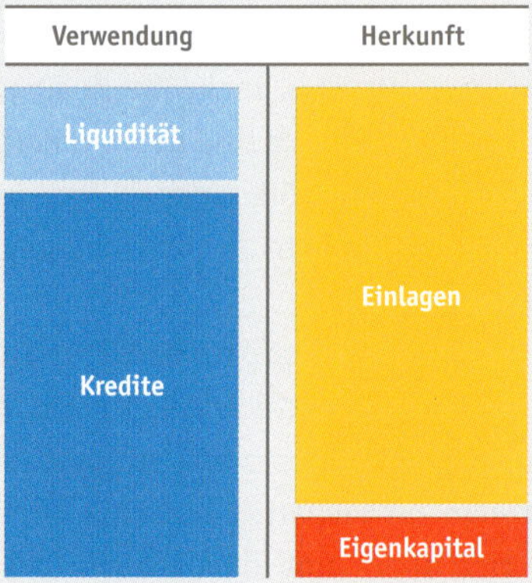

Eigene Grafik

Auf der Passivseite besteht das Fremdkapital bei einer klassischen Bank also aus Einlagen der Kundinnen und Kunden. Diese Mittel werden verwendet, um Kredite an Unternehmen oder Haushalte zu vergeben, wie wir auf der Aktivseite (links) sehen. Da die Kundschaft ihre Einlagen jederzeit abheben kann, verwendet die Bank nicht die gesamten Mittel zur Kreditvergabe, sondern hält einen Teil davon in bar zurück. Deshalb findet sich auf der Aktivseite auch ein kleiner Posten an Liquidität. Klein ist er, weil liquide gehaltene Mittel für die Banken teuer sind, da sie im Gegensatz zu den Krediten keine Zinserträge abwerfen.

Der Eigenhandel von Banken: Wichtiger Auslöser der Krise

Lange Zeit war das oben beschriebene Geschäft mit der Differenz zwischen Einlagen- und Kreditzinsen die wichtigste Ertragsquelle von Banken. Es ist zwar nach wie vor das klassische Bankgeschäft, doch erweiterte sich die Tätigkeit der Banken in den letzten Jahrzehnten in zunehmendem Maß. Für das Verständnis der Krise ist dabei vor allem ein Geschäft von so zentraler Bedeutung, dass wir es speziell betrachten müssen: der sogenannte Eigenhandel. Dieser besteht darin, dass die Bank Wertpapiere

ABBILDUNG 4

Im Zentrum der Krise – Der Eigenhandel von Banken

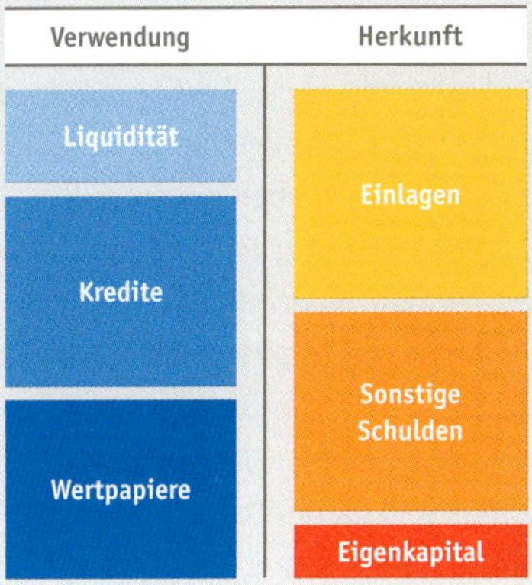

Eigene Grafik

kauft, um daraus möglichst hohe Zinserträge oder beim späteren Verkauf Handelsgewinne zu erzielen. Viele Banken dehnten im Vorfeld der Finanzkrise diesen Eigenhandel stark aus, was schließlich dazu führte, dass die Wertpapiere einen immer größeren Anteil der Aktiven ausmachten. Abbildung 4 stellt dies vereinfacht dar.

Auf der Aktivseite kommt zu den klassischen Krediten ein bedeutender Posten von Wertpapieren hinzu, welche die Bank selbst besitzt.[2] Finanziert wurden diese Geschäfte im Vorfeld der Krise meist mit kurzfristigen Krediten bei anderen Banken über den sogenannten Geldmarkt. Deshalb findet sich in der obigen Bankbilanz auf der Passivseite zusätzlich der Posten «Sonstige Schulden». Die Tatsache, dass der Eigenhandel oft durch kurzfristige Kredite von anderen Banken finanziert wurde, spielte für die Entstehung der Krise eine zentrale Rolle.

Warum ist Banking ein besonders riskantes Geschäft?

Dass Banking ein sehr riskantes Geschäft sein kann, hat uns die Krise drastisch vor Augen geführt. Man kann damit zwar viel Geld verdienen, aber in kaum einem anderen Geschäft kann so viel Geld so rasch verloren werden, wenn einmal etwas wirklich schiefläuft.

Wenn wir die Bilanz der Bank in Abbildung 4 ansehen, springen die besonderen Risiken sofort ins Auge. Ihr Geschäft basiert stark auf Fremdkapital, also Geld, das ihr nicht gehört. Und mit diesem Fremdkapital werden zum Teil beschränkt liquide – das heißt kurzfristig nur schwer zu verkaufende – Anlagen wie eben Kredite finanziert. Das wäre dann kein großes Problem, wenn die Banken langfristig über das Fremdkapital verfügen könnten. Gerade das ist aber nicht der Fall. Sowohl die Kundeneinlagen als auch die Verschuldung bei anderen Banken sind sehr kurzfristig; die Einlagen, können jederzeit zurückgezogen werden, und die anderen Banken können es unterlassen, die Kredite zu erneuern.

Gefahren können sowohl von der Passiv- als auch von der Aktivseite der Bilanz herkommen. Auf der Passivseite kann die Finanzierung innert kürzester Zeit austrocknen (Liquiditätsrisiko), auf der Aktivseite können Verluste so hoch sein, dass sie das Eigenkapital übersteigen (Kreditausfalls- und Marktrisiko). Diese beiden wichtigen Fälle wollen wir etwas genauer betrachten.

Wenn die Finanzierung austrocknet: Das Liquiditätsrisiko

Das sogenannte Liquiditätsrisiko besteht darin, dass eine Bank in eine Situation gerät, in der sie nicht über genügend liquide Mittel verfügt oder solche beschaffen kann, um ihre Gläubiger auszuzahlen. Wie bereits gesagt, ist das Kerngeschäft einer Bank – das Zinsdifferenzgeschäft – anfällig für dieses Risiko: Mit Kundengeldern, die jederzeit kurzfristig abgezogen werden können, werden Kredite an Firmen oder Haushalte vergeben, die nur langfristig wieder vollständig zurückgezahlt werden. Zwar haben wir oben gesehen, dass auf der Aktivseite ein gewisser Teil der Mittel liquide gehalten wird, doch würden diese Mittel niemals ausreichen, um alle Verpflichtungen an die Einleger jederzeit zu befriedigen. Das Geschäftsmodell basiert hier auf der vernünftigen Annahme, dass in der Regel nur ein kleiner Teil der Einleger zu einem bestimmten Zeitpunkt das gesamte Geld abziehen wird. Deshalb kann man das Risiko eingehen, nicht alle Forderungen jederzeit vollständig zurückzahlen zu können. Gibt es aber aus irgendeinem Grund einen *bank run*, also die Situation, dass viele Einleger ihr Geld gleichzeitig zurückverlangen, so wird die Bank rasch illiquide.[3]

Für das Verständnis der Finanzkrise ist wichtig zu sehen, dass dieses Liquiditätsrisiko nicht nur entsteht, wenn Einlagen abgezogen werden, sondern auch, wenn die kurzfristigen Kredite von anderen Banken («Sonstige Schulden») nicht erneuert werden. Das heißt, auch die zweite Quelle von Fremdkapital gemäß Abbildung 4 kann austrocknen und so die Wirkung eines *bank runs* entfalten. Dazu später mehr.

Wenn der Wert von Krediten oder Wertpapieren fällt: Solvenzrisiken

Die zweite Kategorie von Risiken besteht darin, dass eine Bank bei der Verwendung ihrer Gelder auf der Aktivseite Verluste erleiden kann. Sind solche Verluste zu hoch, kann dies zu einer Insolvenz führen. Solvenzrisiken können bei beiden wichtigen Anlagekategorien von Banken entstehen, nämlich bei den Kreditbeständen einerseits (Kreditausfallrisiko) und bei den Wertpapierbeständen andererseits (Marktrisiko).

Das Kreditausfallrisiko besteht darin, dass auf gewährten Kredite keine Zinsen gezahlt oder dass sie nicht zurückgezahlt werden. Die Kreditvergabe an Unternehmen oder Haushalte ist ein riskantes Geschäft, weil die zukünftige Zahlungsfähigkeit der Schuldner nur sehr schwer abzuschätzen ist. Ein guter Teil des Bankgeschäfts besteht darin, mit vertretbarem Aufwand die Kreditwürdigkeit zu prüfen, also zu beurteilen, ob der Kreditnehmer willens und fähig ist und sein wird, Zinszahlungen zu leisten und das geliehene Geld wieder zurückzuzahlen. Sind die Schuldner zahlungsunfähig, so ist das Geld für die Bank verloren, und der Kredit muss abgeschrieben, das heißt von der Aktivseite der Bilanz entfernt werden. Wegen solcher Verluste reduziert sich dann das Eigenkapital entsprechend.[4]

Das Marktrisiko ergibt sich aus Verlusten, die aufgrund des Eigenhandels der Banken entstehen können. Reduziert sich der Marktpreis des Bestands eigener Wertpapiere bleibend, so muss der entsprechende Aktivposten der Bilanz reduziert werden. Auch eine solche Abschreibung vermindert das Eigenkapital.

Um alle diese Risiken einzudämmen, ist die Tätigkeit von Banken stark reguliert. Mit Mindestanforderungen zur Ausstattung an Eigenkapital sollen etwa Verluste aus der Kreditvergabe oder aus dem Halten von Wertpapieren aufgefangen werden können. Und als Schutz gegen *bank runs* gibt es Vorschriften über die Ausstattung der Banken mit Liquidität auf der Aktivseite. Wie die Finanzkrise zeigte, genügten die bestehenden Vorsichtsmaßnahmen jedoch nicht, um die katastrophalen Entwicklungen aufzuhalten.

Wer die Risiken trägt – oder die Bedeutung des moral hazard

Angesichts der verschiedenen Risikoquellen im Banking stellt sich natürlich die Frage, wie viel Risiko dabei sinnvollerweise eingegangen werden soll. Dies ist letztlich ein Optimierungsproblem. Es geht also nicht darum, ob überhaupt Risiken eingegangen werden, sondern in welchem Ausmaß. Damit dieser Entscheid effizient getroffen werden kann, ist eine Voraussetzung zentral: Die Kosten, die entstehen, wenn etwas schiefgeht, müssen von den gleichen Akteuren getragen werden, die auch die Erträge im Erfolgsfall erzielen können. Wenn diese Voraussetzung nicht gegeben ist, entsteht ein sogenannter *moral hazard* («moralische Versuchung», «moralisches Risiko»): Wer die Kosten von gewinnversprechendem und gleichzeitig riskantem Verhalten nicht selbst trägt, wird zu große Risiken eingehen. Zu groß sind sie zwar nicht aus individueller Sicht, aber aus derjenigen der Gesamtgesellschaft, da die Kosten den Nutzen insgesamt übersteigen.

Moral hazard kann im Banking eine wichtige Rolle spielen. So haben zum Beispiel Banken mit Staatsgarantie einen höheren Anreiz zu riskantem Verhalten, weil die Erträge bei ihnen verbleiben, die Kosten, wenn etwas schiefgeht, aber der Allgemeinheit angelastet werden können. In der Krise hat sich gezeigt, dass für große Banken auch ohne explizite Staatsgarantie *moral hazard* relevant war. Da diese Banken in ihren Geschäften so stark mit anderen Banken vernetzt waren, dass ihr Konkurs das gesamte Finanzsystem gefährdet hätte, konnte davon ausgegangen werden, dass sie im Notfall durch den Staat gerettet würden. Große Banken hatten deshalb einen spürbaren Vorteil, wenn sie sich verschuldeten. Diese faktische staatliche Garantie verringerte so das Verlustrisiko der Gläubiger und führte dazu, dass die Banken tiefere Risikozuschläge zahlen mussten als andere Schuldner. Dies reduzierte die Zinsen für Fremdkapital und trug dazu bei, dass sich große Banken vor der Krise immer stärker verschulden konnten. Mit dieser sogenannten Too-big-to-fail-Problematik werden wir uns noch vertieft beschäftigen.

Die Gefahr von *moral hazard* ist im Bankgeschäft so groß, dass sie in der Regulierung besonders beachtet werden muss; wird diesbezüglich zu wenig unternommen, kann dies die Risikobereitschaft im Banking weit über das gesamtwirtschaftlich optimale Niveau hinausgehen lassen – mit entsprechend hohen Kosten für die Allgemeinheit.

Die außerordentliche Risikofreude der Banken vor der Krise

Die beschriebenen Risiken sind charakteristisch für das spezielle Geschäft von Banken und deshalb zu einem gewissen Grad unvermeidlich. Beeinflussbar ist aber das Ausmaß, das diese Risiken im Verhältnis zum Nutzen für die Allgemeinheit annehmen. Hier war vor der Krise ein eindeutiger Trend feststellbar: Die Risiken im globalen Bankensystem wurden in den letzten Jahrzehnten permanent ausgebaut und erreichten vor der Krise ein aus heutiger Sicht inakzeptables Niveau. Dies betraf im Wesentlichen alle relevanten Risiken, die wir oben angesprochen haben.

Am deutlichsten erkennbar war die gestiegene Risikofreude an der massiven Ausdehnung des *leverage*, also der Verschuldung der Banken. Wir können dies am Beispiel der beiden Schweizer Großbanken (UBS und Credit Suisse Group) in Abbildung 5 erkennen. Gezeigt wird hier – als Durchschnitt der beiden Banken – die Entwicklung des Eigenkapitals im Verhältnis zur gesamten Bilanz. Je tiefer dieser Anteil ist, desto stärker ist die Bank verschuldet. In den Nachkriegsjahren sank diese Kennzahl rasch von 10 auf gegen 5 Prozent; auf diesem Niveau verharrte sie dann während mehrerer Jahrzehnte bis Mitte der 1990er-Jahre. In der Boomphase vor der Krise wurde der Verschuldungsgrad dann aber noch einmal deutlich erhöht, sodass das Eigenkapital gerade noch etwa 2 Prozent der Bilanzsumme ausmachte. Das bedeutete, dass 98 Prozent der Aktiven der Banken mit Fremdkapital finanziert waren – eine wahrlich riskante Situation.

Für die Aktionäre der Banken war diese Ausdehnung der Verschuldung sehr attraktiv, da mit dem steigenden *leverage* die erzielbare Eigenkapitalrendite steigt. Die folgende Box erläutert diesen wichtigen Zusammenhang. Im Vorfeld der Krise konnten Banken nicht zuletzt auch wegen der Deregulierung der Finanzmärkte in vielen Ländern die Verschuldung noch einmal stark ausdehnen.[5] Entsprechend hoch waren folglich auch die

ABBILDUNG 5

Sehr hohe Verschuldung vor der Krise
Verhältnis von Eigenkapital zur Bilanzsumme

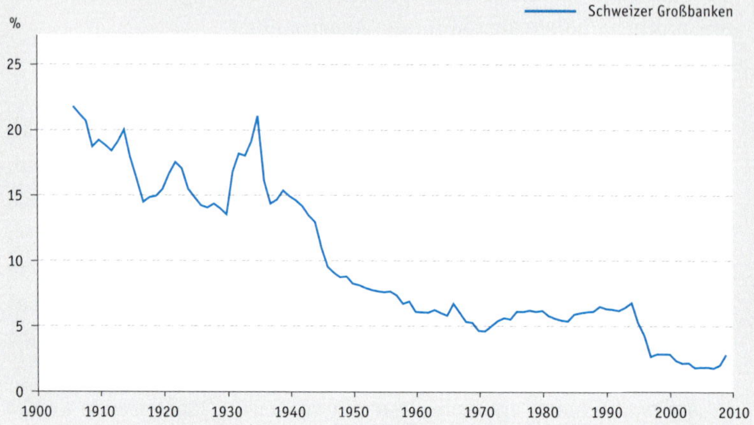

Quelle: Schweizerische Nationalbank (SNB)

Renditen der Bankaktien in den Jahren vor der Krise. Und entsprechend explosiv waren auch die Risiken.

Die Ausdehnung der Verschuldung ist aber nur ein Aspekt der gestiegenen Risiken. Wichtig war auch, dass die Expansion vor der Krise sehr stark durch kurzfristige Kredite bei anderen Banken finanziert wurde. Dies bedeutete einerseits, dass diese Kredite laufend wieder erneuert werden mussten, und andererseits, dass die Risiken der Banken sehr stark miteinander verknüpft waren. Die Schieflage bei einer Bank führte zugleich auch zu einem hohen Verlustrisiko bei den anderen Banken, welche Schuldpapiere der angeschlagenen Bank als Aktivposten in ihren Bilanzen hatten. Und als wäre dies nicht schon genug, gingen die Banken gleichzeitig ein hohes Liquiditätsrisiko ein, indem die liquiden Mittel auf Kosten von Investitionen in Wertpapieren reduziert wurden, um vor allem mit dem Eigenhandel die Rendite weiter zu steigern.

Angesichts dieser Situation ist es kaum erstaunlich, dass Banking in den Jahren vor der Krise eine Goldgrube war. Kaum je waren die Wachstumsraten und die Renditen so hoch, und die *great moderation* ließ die eingegangenen Risiken als gar nicht so bedrohlich erscheinen. Tatsächlich glich aber das Bankensystem im Vorfeld der Krise einem Pulverfass.

Große Gewinn- und Verlustmöglichkeiten durch *leverage*

Die Effekte des *leverage* leiten sich aus der ältesten Regel der Finanzökonomie ab: Bei jeder Anlage gibt es einen Zielkonflikt zwischen Risiko und erwartetem Gewinn. Wer einen höheren Ertrag anstrebt, erhält diesen nur, wenn er bereit ist, dafür ein größeres Risiko einzugehen.

Entsprechendes gilt für das Geschäft jeder Bank. Je höher der Gewinn ausfallen soll, desto höher ist in der Regel das Risiko, das die Bank eingehen muss. Ausschlaggebend ist dabei, mit welchem Anteil von günstigem Fremdkapital eine Bank operiert. Je höher der Anteil an solchem Fremdkapital, desto größer wird der Gewinn, wenn alles gut geht; aber – und das sind die Risikokosten – desto verheerender ist auch das Resultat, wenn es schlecht läuft.

Betrachten wir ein sehr stark vereinfachtes Zahlenbeispiel. Nehmen wir an, eine Bank habe bei einem Eigenkapital von 10 Millionen Euro Wertpapiere in der Höhe von 90 Millionen in ihrer Bilanz. In einem guten Jahr erhöhe sich der Marktwert dieser Papiere um 10 Millionen, alles andere bleibe gleich. Das bedeutet, dass diese Papiere jetzt neu mit 100 anstatt wie bisher mit 90 Millionen in der Bilanz stehen und damit das Eigenkapital von 10 auf 20 Millionen ansteigt. Der Ertrag der Investition in diesem Jahr betrug somit 11 Prozent (also 10/90). Die Rendite des Eigenkapitals belief sich aber auf 100 Prozent, hat es sich doch von 10 auf 20 Millionen verdoppelt. Weil die Bank eine hohe Verschuldung aufweist – also mit viel günstigem Fremdkapital arbeitet – wird aus einem Investitionsertrag von 11 Prozent eine Eigenkapitalrendite von 100 Prozent. Wie man an diesem Beispiel leicht sieht, wird die Rendite immer höher, je kleiner das Eigenkapital ist, je höher also der *leverage* wird. Kein Wunder, lieben die Aktionäre in einer guten Phase einen möglichst hohen *leverage*.

Leider gibt es aber Schwankungen in beide Richtungen. In einem schlechten Jahr könnte der Marktwert der Wertpapiere, anstatt um 10 Millionen Euro anzusteigen, um 10 Millionen fallen. Der Verlust beträgt in diesem Jahr somit –11 Prozent – spürbar, aber kaum katastrophal. Die Aktionäre aber werden gewaltig getroffen. Denn bleibt alles andere gleich (macht die Bank also keine sonstigen Gewinne), wird ihr Eigenkapital mit einem Abschreiber von 10 Millionen vollständig aufgebraucht, sie verlieren also ihren gesamten Einsatz. Trotzdem bleibt aber das individuelle Risiko der Aktionäre beschränkt. Da die Aktionäre nämlich maximal ihre investierten Mittel verlieren können (wegen der beschränkten Haftung einer Aktiengesellschaft gibt es keinen Rückgriff auf ihr sonstiges

Vermögen), ist eine starke Verschuldung *(leverage)* für sie trotzdem oft attraktiv; die Verlustmöglichkeiten sind begrenzt, die Gewinnmöglichkeiten aber kaum.

Wie wir noch sehen werden, würde ein Verlust von nur schon wenig mehr als 10 Millionen Euro diese stark verschuldete Bank in den Konkurs treiben. Ein hoher *leverage* ist also ein außerordentlich gefährliches Spiel, das in unsicheren Zeiten den Charakter eines (russischen) Roulettes annehmen kann.

DER US-HÄUSERMARKT ALS AUSLÖSER DER KRISE

II

Über den Ursprung der Krise gibt es keine Zweifel. Er findet sich in den USA, genauer im US-amerikanischen Häusermarkt. In der ersten Hälfte des vergangenen Jahrzehnts bildete sich auf diesem Markt eine spektakuläre Preisblase, deren Platzen schließlich den Anfang der großen Krise markierte. Wir wollen hier erklären, wie die starke Blase auf dem US-Immobilienmarkt begonnen hat, wie die Preisspirale durch die Vergabe von unverantwortlichen Hypothekarkrediten weiter angeheizt wurde und was dazu führte, dass die Preise schließlich drastisch einbrachen.

3 DIE ENTSTEHUNG DER IMMOBILIENBLASE

Fänden Sie es vernünftig, wenn ein unbekanntes Unternehmen mit hochfliegenden Plänen, aber ohne bisherige Erfolge und ohne wesentliches Vermögen Milliarden Euro wert wäre? Wohl kaum. Am 14. Februar 2000 betrug aber der Marktwert des Unternehmens EM.TV 14 Milliarden Euro. Damit war der neu gehandelte Münchner Filmrechtehändler an der Börse gleich viel wert wie der Stahlgigant ThyssenKrupp. Um sich die Dimensionen zu verdeutlichen: Der Jahresumsatz betrug bei EM.TV im Jahr 1999 320 Millionen Euro, während er bei ThyssenKrupp – einem Unternehmen mit immerhin 200 000 Mitarbeiterinnen und Mitarbeitern – mit 32 Milliarden Euro hundertmal höher war. Die Basis der Bewertung des Filmrechtehändlers war also einzig die *Hoffnung* auf Milliardenumsätze, die sich die Besitzer für die kommenden Jahre versprachen.

Dieses Beispiel zeigt eindrücklich, zu welch absurden Situationen übersteigerte Erwartungen in die Gewinnmöglichkeiten einer Anlagekategorie führen können. Auf dem Höhepunkt der New-Economy-Blase zu Beginn des Jahrtausends waren die Gewinnerwartungen an jedes Geschäft, das auch nur entfernt mit dem Internet zu tun hatte, völlig übersteigert. Wie bei jeder Blase ließen die spektakulären Aussichten selbst derart abstruse Bewertungen wie diejenige von EM.TV als plausibel erscheinen. Das Internetzeitalter, so war überall zu hören, führe zu Gewinnmöglichkeiten in völlig neuen Dimensionen, was wiederum die stratosphärischen Bewertungen von Unternehmen rechtfertige, die außer einer Geschäftsidee wenig Konkretes vorzuweisen hatten.

Wie bei jeder Blase erwies sich auch hier die Annahme als verfrüht, ein neues Zeitalter sei angebrochen, das die bisherigen ökonomischen Gesetze infrage stelle. Ganz bewusst und treffend ironisch lautet der Titel des wegweisenden Buchs von Carmen Reinhart und Kenneth Rogoff zur langen Geschichte der Finanzkrisen deshalb: «Diesmal ist alles anders».[6] 2008 wurde die aus der EM.TV hervorgegangene EM.Sport an der Börse noch mit 220 Millionen Euro bewertet, während das Old-Economy-Unternehmen ThyssenKrupp 21 Milliarden Euro wert war.[7]

Kaum war die New-Economy-Blase geplatzt, begann sich in den USA die nächste Blase zu bilden, die schließlich zu absurd überbewerteten Immobilien führen sollte. Der Mechanismus war auch hier ähnlich, aber das Platzen dieser Blase hatte wesentlich drastischere Auswirkungen. Wir wollen im Folgenden nachzeichnen, wie diese fatale Immobilienblase in den USA entstehen konnte.

Der starke Preisanstieg nach 2002

Der US-amerikanische Häusermarkt hatte zu Beginn der Krise eine ungewöhnliche Entwicklung hinter sich: Seit Jahrzehnten waren die landesweiten Häuserpreise kaum mehr gefallen. Besonders dynamisch wurde diese Entwicklung aber vor allem nach der Jahrtausendwende, als die Preise in jeder Wirtschaftslage stiegen und die durchschnittliche Erhöhung mit deutlich mehr als 10 Prozent pro Jahr weit über dem Wirtschaftswachstum lag. Abbildung 6, welche die Entwicklung der US-Häuserpreise von 1991 bis 2006 anhand der wichtigsten landesweiten Messgröße darstellt, zeigt ein eindrucksvolles Bild dieser Dynamik.

ABBILDUNG 6

Das Steigen der US-Häuserpreise schien ein Naturgesetz zu sein

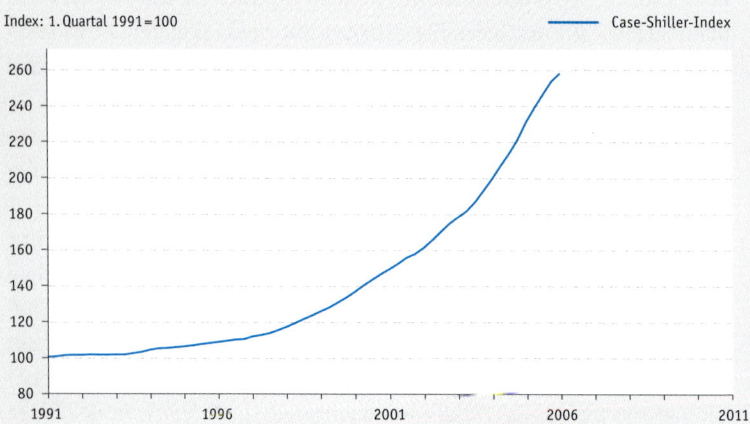

Quelle: Datastream

Spätestens seit dem Jahr 2002 wurden US-amerikanische Immobilien zu einem bevorzugten Investitionsobjekt. Die vom Platzen der New-Economy-Blase Anfang des Jahrzehnts gebeutelten Investoren sahen im Häusermarkt eine sichere, rentable Alternative. Die Häuserpreise waren landesweit schon lange nicht mehr gesunken, außerdem besaß man bei dieser Investition eine handfeste Sicherheit, nämlich das Haus selbst – dies ganz im Gegensatz zur Investition in die Aktien von neuen, kleinen Internetfirmen, die über Ideen, aber nichts Handfestes verfügten. Eine gewaltige Investitionslawine begann sich in den US-amerikanischen Immobilienmarkt zu ergießen; die dadurch steigenden Preise schienen die Rentabilität der Investitionen zu bestätigen.

Drei Voraussetzungen waren für die Entstehung der Blase auf dem US-amerikanischen Immobilienmarkt entscheidend:

- Voraussetzung 1: Zu expansive US-Geldpolitik
- Voraussetzung 2: Massive Kapitalströme in die USA
- Voraussetzung 3: Problematische «Innovationen» auf den Finanzmärkten

Wir werden im Folgenden die Rolle dieser drei Faktoren erläutern.

Zu expansive US-Geldpolitik[8]

Investitionen in Immobilien sind stark von den Kosten der Verschuldung und damit vom Zinsniveau abhängig. Tiefe Zinsen führen zu einer Erhöhung der Investitionsnachfrage, weil es billiger wird, sich Geld zu beschaffen. Für die Preisblase auf dem US-Immobilienmarkt waren außerordentlich tiefe Zinsen ohne Zweifel ein wichtiger Auslöser, wie eine Analyse der US-Geldpolitik zu Beginn des neuen Jahrtausends klarmacht.

Mit einigem Recht lässt sich heute behaupten, dass die terroristischen Anschläge vom 11. September 2001 bei der Entstehung der Krise eine wichtige indirekte Rolle spielten. Damals litt die US-amerikanische Wirtschaft ohnehin schon unter den Folgen des abrupten Börseneinbruchs nach dem Ende des New-Economy-Strohfeuers. Viele Wirtschaftspolitiker befürchteten, die Kombination aus fallenden Börsenkursen und Terrorismusangst könnte zu einer tiefen Rezession führen, falls die große Unsicherheit einen Einbruch der Investitionen und Konsumausgaben auslösen würde. Es wurde gar die Gefahr einer Deflation – also einer tiefen Rezession mit gleichzeitig stark fallenden Preisen – heraufbeschworen.[9]

Die US-amerikanische Notenbank, das Federal Reserve System (kurz Fed), reagierte auf diese Befürchtungen mit einer stark expansiven Geldpolitik, indem sie die Zinsen deutlich senkte, um die Investitionen und den Konsum zu stimulieren. Ungewöhnlich war vor allem, dass die Zinsen auch dann noch auf außerordentlich tiefem Niveau belassen wurden, als die Wirtschaft schon wieder kräftig zu wachsen begann. Anhand von Abbildung 7 lässt sich ermessen, wie ungewöhnlich expansiv diese Geldpolitik war.

Die blaue Kurve zeigt den Verlauf der durch das Fed festgelegten Leitzinsen seit Beginn des vergangenen Jahrzehnts. Man sieht, dass sie nach dem Platzen der Internetblase und den Anschlägen von 2001 auf einen sehr tiefen Wert gesenkt wurden, um diese Schocks aufzufangen. Bemerkenswert ist aber, dass die Zinsen auch nach 2002 lange auf diesem

ABBILDUNG 7

Eine wirklich außergewöhnlich expansive Geldpolitik

Leitzinsen der USA

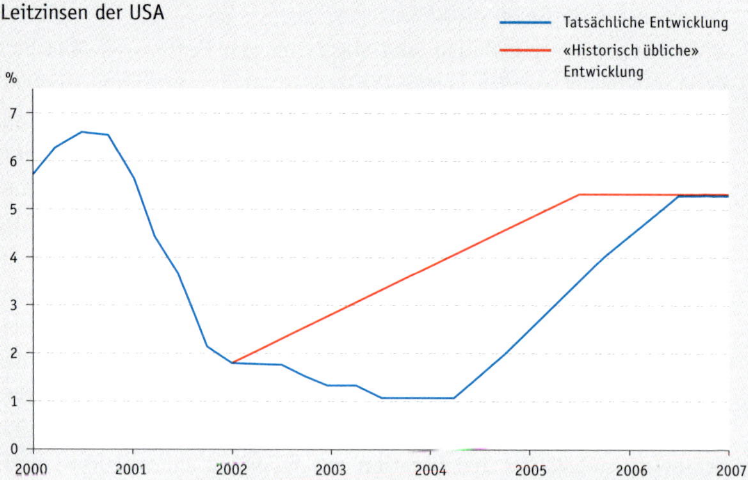

Quelle: *The Economist*, 18. Oktober 2007

tiefen Niveau verharrten, obwohl der Aufschwung längst eingesetzt hatte. Wie ungewöhnlich dies war, lässt sich an der roten Linie ablesen. Sie zeigt das Zinsniveau, wenn sich die Geldpolitik konventionell verhalten hätte.[10] Heute ist klar, dass bei diesem kräftigen Konjunkturaufschwung (die Wachstumsraten stiegen auf deutlich über 2 Prozent) die Zinsen nicht so lange auf beinahe null Prozent hätten gehalten werden sollen. Unmissverständlich zeigt die Grafik eine zu expansive US-Geldpolitik während mehr als zwei Jahren.

Ein wichtiger Grund für diese ungewöhnliche Politik war die – im Nachhinein gesehen – unnötige Deflationsangst. Sie wurde noch dadurch geschürt, dass die Inflationsrate in dieser Periode sehr tief blieb, was in einer Aufschwungphase unüblich ist. Allerdings wissen wir heute, dass sich die stark expansive Geldpolitik eben doch in den Preisen niederschlug – allerdings nicht wie üblich in den Konsumentenpreisen, sondern in den Preisen von Wertanlagen und hier insbesondere in den Preisen von Immobilien.

Massive Kapitalströme in die USA

Ein zweiter, sehr wichtiger Faktor zur Erklärung des Ausmaßes der Immobilienblase waren die außergewöhnlich kräftigen Kapitalströme in die USA. Ökonominnen und Ökonomen hatten schon seit den 1990er-Jahren große Bedenken, dass die US-amerikanische Wirtschaft über ihre Verhältnisse lebte. Denn seit den 1980er-Jahren und in eindrucksvoll steigendem Ausmaß seit Ende der 1990er-Jahre exportierten die USA wesentlich weniger, als sie importierten, und sie finanzierten dies mit Kapitalimporten vor allem aus dem asiatischen Raum. Dadurch taten sich große globale Ungleichgewichte auf. Zahlreiche Beobachter hielten fest, dass es früher oder später zu einer starken und schmerzhaften Korrektur kommen müsse. Die US-Bevölkerung verhielt sich insgesamt wie ein privater Haushalt, dessen Ausgaben laufend höher sind als sein Einkommen, weshalb er sich immer weiter verschulden muss. Das Resultat sieht man in Abbildung 8: Die US-amerikanischen Auslandschulden, also der Bestand an US-Wertpapieren, die von Ausländern gehalten wurden, stieg im Verlauf der 1990er-Jahre kontinuierlich an; die US-Amerikaner verschuldeten sich in zunehmendem Maß in ihrer eigenen Währung bei Ausländern.

ABBILDUNG 8

Eine wahre Geldflut in die USA

US-Wertpapiere, die von Ausländern gehalten werden

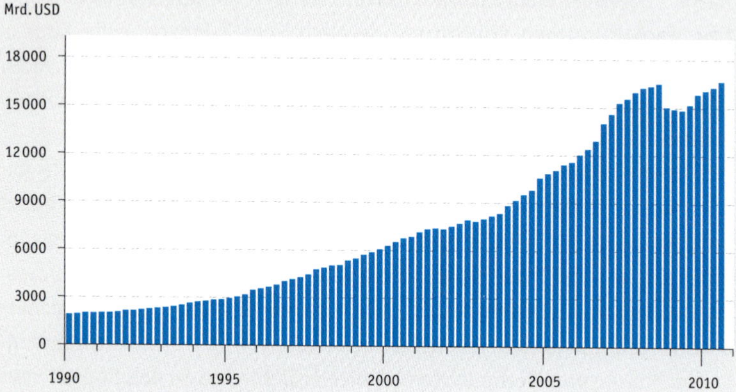

Quelle: Federal Reserve

Diese Tendenz verstärkte sich Anfang des vergangenen Jahrzehntes noch, und wir sehen in der Grafik, dass der schon 2002 sehr hohe Bestand sich bis 2007 noch einmal verdoppelte. Die Sparquote der US-amerikanischen Haushalte sank in dieser Periode gegen null. Gesamtwirtschaftlich betrachtet, waren Investitionen in den USA nur noch möglich, weil das Ausland kräftig mitfinanzierte. Darin zeigte sich auch ein bemerkenswerter Risikoappetit, der die ungünstige spätere Entwicklung mit erklärt. Die US-Amerikaner hielten die Aussichten offenbar für genügend gut, um eine ständig wachsende Verschuldung problemlos mit späteren Einkommenszuwächsen (oder auch aus den erwarteten weiteren Wertsteigerungen der Immobilien) finanzieren zu können. Das starke Wachstum der US-Wirtschaft seit Mitte der 1990er-Jahre, das nur von einer kurzen Rezession nach dem Platzen der Internetblase unterbrochen worden war, schien diese Annahme immer plausibler zu machen.

Es stellt sich die Frage, wieso der Rest der Welt bereit war, dieses aus heutiger Sicht unverantwortliche und für sie zuletzt kostspielige Verhalten zu finanzieren. Die einfache Antwort: Zu Beginn des vergangenen

Jahrzehnts erschien dies keineswegs als unverantwortlich. Die USA wiesen damals über Jahre ein spektakuläres Produktivitätswachstum auf und wurden allgemein als attraktivster und dynamischster Wirtschaftsstandort weltweit eingeschätzt. Investitionen in dieses Land galten deshalb als vielversprechend. Hinzu kam, dass ein großer Teil des Zuwachses an Kapitalimporten aus Japan und den stark wachsenden Schwellenländern wie Russland und allen voran China stammte. Die chinesische Volkswirtschaft wies unter anderem wegen der wenig entwickelten Altersvorsorge eine sehr hohe Sparquote auf. Ein großer Teil der gewaltigen Einkommenszuwächse dieses Riesenlandes wurde gespart, und diese Ersparnisse «suchten» nach Investitionsmöglichkeiten. Auch weil die Entwicklung des Bankensystems in den Schwellenländern mit dem Wachstum der übrigen Wirtschaft nicht Schritt halten konnte, wurde ein Großteil dieser Gelder im Ausland angelegt.

Noch einmal gesteigert wurde dieser Kapitalexport dadurch, dass China den Wechselkurs seiner Währung gegenüber dem Dollar auf einem künstlich zu tiefen Niveau fixiert hatte, um seine Exportindustrie zu stärken.[11] Um dies zu erreichen, bekämpfte die chinesische Zentralbank den wegen des Wachstumsbooms natürlichen Aufwertungsdruck auf die inländische Währung, indem sie massiv Dollar kaufte; ein Kauf der ausländischen Währung erhöht ja deren Preis und schwächt damit den relativen Wert der inländischen Währung. Dieser Dollarkauf wurde in zunehmendem Maß über den Erwerb US-amerikanischer Wertpapiere umgesetzt und bedeutete daher nichts anderes als einen zusätzlichen Kapitalexport in die USA.

Wir sehen also: Aus verschiedensten Gründen flossen wie nie zuvor Kapitalströme in die USA, und die Nachfrage nach rentablen Anlagen war entsprechend groß. Investitionen in traditionelle US-Wertpapiere wie etwa Staatsanleihen waren aber wegen der tiefen Zinsen (vgl. obige Ausführungen zur Geldpolitik) wenig rentabel. Eine Alternative war die Investition in den boomenden US-amerikanischen Immobilienmarkt. Allerdings war das ins Land strömende Kapital so überreichlich vorhanden, dass der US-Häusermarkt zu wenige Investitionsmöglichkeiten mit akzeptablem Risiko bot.

Diese beiden Faktoren – die tiefe Rentabilität der US-Wertpapiere und die beschränkten Anlagemöglichkeiten für Großinvestoren auf dem

US-Häusermarkt – hätten den Kapitalfluss in die USA (und damit auch die Blase im Häusermarkt) eigentlich rasch dämpfen müssen. Ein dritter Faktor, mit dem wir uns jetzt beschäftigen wollen, führte jedoch dazu, dass dies nicht geschah: Die Investmentbanken fanden nämlich innovative Lösungen für beide Probleme. Und erst diese «Innovationen»[12] ermöglichten die Ausweitung zur gigantischen Blase, die zuletzt eine weltweite Krise auslösen sollte.

Problematische «Innovationen» auf den Finanzmärkten

Hypothekarkredite eignen sich denkbar schlecht als Investitionsmöglichkeiten für internationale Anleger. Um die Risiken eines solchen Kredits abzuschätzen, muss sich die Kreditgeberin ein Bild über den einzelnen Kreditnehmer und die Immobilie machen können. Aus diesem Grund handelt es sich normalerweise um ein sehr lokales Einzelgeschäft, und große Investitionssummen kommen nur zustande, wenn sehr viele dieser Kredite vergeben werden können. Der erste Teil der Finanzinnovationen, die für die Krise entscheidend werden sollten, nahm sich dieses Problems an. Mit der sogenannten Verbriefung wurde eine große Zahl von einzelnen Hypotheken zu Wertpapieren gebündelt, die sich auf internationalen Finanzmärkten verkaufen ließen. Die Mechanik lässt sich anhand von Abbildung 9 erläutern.

Hauskäufer schließen mit lokalen Geschäftsbanken einen Hypothekenvertrag ab und erhalten einen Hypothekarkredit. Anstatt die Hypothekarforderung wie üblich in ihren Büchern zu behalten, verkaufen die Banken sie mit Gewinn an eine Investmentbank weiter. Die Investmentbank schafft nun mittels Verbriefung aus den Hypothekarforderungen handelbare Wertpapiere und verkauft diese an private Investoren – oft auch an Banken. Diese Wertpapiere versprechen den Anlegern eine regelmäßige Zinszahlung, die aus den monatlichen Hypothekarzinszahlungen der Hausbesitzer stammt. Die Investoren erhalten dadurch die Möglichkeit, im Immobilienmarkt in standardisierte Wertpapiere Geld anzulegen, ohne sich selbst mit den Details des Hypothekargeschäfts herumschlagen zu müssen. Diese Art von Wertpapieren lassen sich unter dem Überbegriff ABS *(asset-backed security)*[13] zusammenfassen. Die Verbriefung ist ein altbekannter Vorgang in der Finanzbranche und dient eigentlich der Risikoverminderung für die Anleger. Denn die einzelne Hypothek ist

ABBILDUNG 9

Verbriefung: Wie man Hypotheken in Wertpapiere (ABS) verwandelt

Schema zur Erläuterung der Verbriefung von Hypotheken

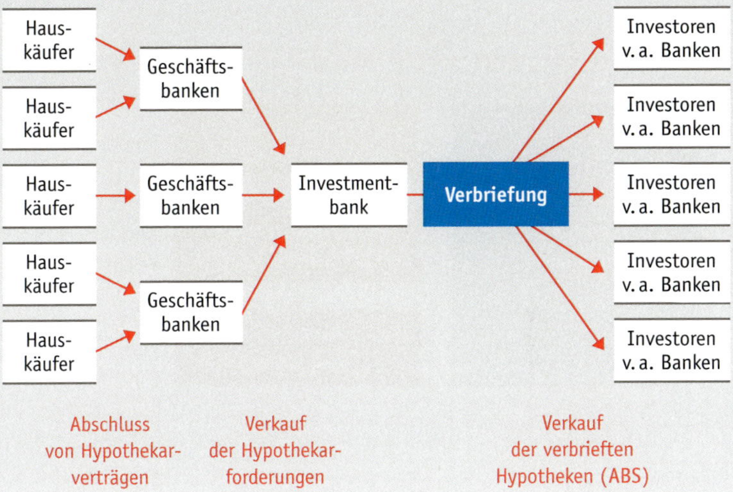

Eigene Grafik

vergleichsweise risikoreich, weil ein nicht unbeträchtliches Ausfallrisiko besteht: Ein einzelner Haushalt kann immer in Konkurs gehen. Kauft man mit demselben Betrag aber einen Anteil eines Pools mit Tausenden von Hypothekarkrediten aus dem ganzen Land, so sollte das Risiko deutlich tiefer sein. Die Wahrscheinlichkeit, dass viele Schuldner gleichzeitig zahlungsunfähig werden, scheint viel geringer, als dass dies einem einzelnen passiert. Später werden wir sehen, dass diese Überlegung im vorliegenden Fall dramatisch falsch war.

Zum explosiven Gebräu wurden diese ABS aber erst durch den zweiten Teil der Finanzinnovation, die sogenannte Strukturierung. Die Investmentbanken verkauften nicht gleichartige ABS, sondern teilten diese in unterschiedliche Tranchen auf, die mit unterschiedlichem Risiko behaftet waren. Das Risiko eines solchen Wertpapiers besteht im Wesentlichen darin, dass nicht nur vereinzelte, sondern viele Hausbesitzer in

ABBILDUNG 10

Strukturierung: Die Schaffung von Wertpapieren (ABS) für jeden Risikoappetit

Schema zur Erläuterung der Strukturierung verbriefter Hypotheken

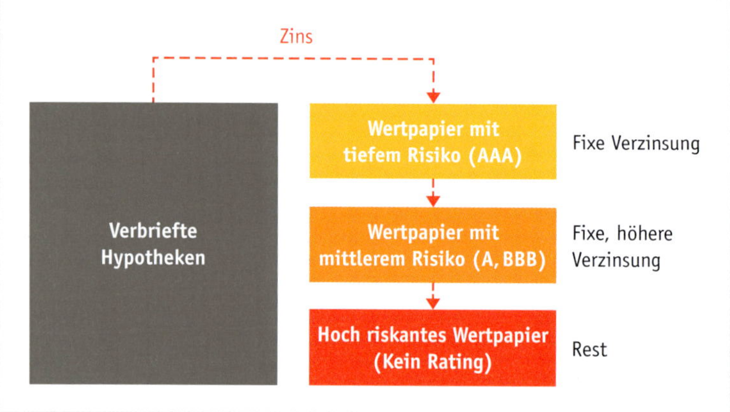

Eigene Grafik

finanzielle Engpässe geraten und ihre Hypotheken nicht mehr bedienen können. Die Idee der Strukturierung ist, dieses Risiko vor allem jenen zuzuteilen, die – vereinfacht ausgedrückt – bereit sind, Roulette zu spielen, also mit hohem Risiko auf einen hohen Gewinn zu wetten. Damit sollten bei allen übrigen Anlegern nur noch minimale Risiken verbleiben. Abbildung 10 erläutert dies schematisch.

Durch die Strukturierung werden die ABS (verbriefte Hypotheken) in drei Tranchen aufgeteilt, wobei die hoch riskanten Tranchen an die risikofreudigen Investoren verkauft (oder von der Investmentbank selbst gehalten) werden.[14] Sie erhalten den Rest, also den Teil der Hypothekarzinsen, der noch übrig ist, nachdem die beiden anderen Tranchen zu einem vorher vereinbarten Zinssatz ausbezahlt worden sind. Ihr hohes Risiko drückt sich auch darin aus, dass sie gar kein Rating aufweisen. Die mittlere Tranche trägt ein deutlich kleineres Risiko, weil sie nur dann Verluste schreibt, wenn alle Anleger in den hoch riskanten Tranchen einen Totalverlust erlitten haben; das mittelgroße Risiko wird durch ein

Rating in den Kategorien A oder BBB ausgedrückt. Entscheidend ist aber die dritte Kategorie, nämlich die Tranche mit tiefem Risiko. Diese weist zwar den tiefsten Zins aller drei Kategorien auf, scheint dafür aber eine «bombensichere» Investition darzustellen. Schließlich trägt sie nur ein Verlustrisiko, wenn die beiden anderen Tranchen Totalverlust erlitten haben. Da Hypothekardarlehen durch das Haus gesichert und sehr viele solcher Darlehen in einem ABS gebündelt sind, erscheint hier ein Verlust in normalen Zeiten als sehr unwahrscheinlich. Die Ratingagenturen ließen sich von diesem Argument überzeugen und verliehen diesen Tranchen der ABS deshalb meist die höchste Bewertung AAA. Bei dieser Einschätzung stützten sie sich auf Daten aus der jüngeren Vergangenheit, auf deren Basis allerdings ein gleichzeitiger starker Vertrauensverlust und damit ein Preiseinbruch bei allen ABS gar nicht modelliert werden konnte, weil so etwas noch nie vorgekommen war. Doch genau dieser scheinbar unmögliche Fall trat schließlich ein.

Mit dem AAA-Rating – das oft 70 Prozent aller Tranchen eines ABS aufwiesen – galten diese Investitionen als ebenso sicher wie Staatsanleihen, mit dem großen Vorteil, dass sie deutlich höhere Zinsen einbrachten. Es ist kaum verwunderlich, dass sich die Anleger mit Begeisterung auf diese scheinbar großartigen Investitionsmöglichkeiten stürzten. Sie kauften auch dann noch in Scharen solche Produkte, als bereits erste Zweifel über deren Qualität aufkamen. Für diese Sorglosigkeit gab es noch einen weiteren wichtigen Grund. Konservative Investoren konnten sich nämlich gegen ein Verlustrisiko bei den besseren Tranchen der ABS absichern, waren doch Versicherungen noch so gerne bereit, in dieses scheinbar risikoarme Geschäft einzusteigen. AIG – dem größten Versicherungskonzern der Welt – sollte dies später zum Verhängnis werden.

4 DAS SUBPRIME-PROBLEM

Clarence Nathan hätte sich selbst niemals einen Kredit gegeben, aber …

Der mittellose US-Amerikaner Clarence Nathan erlangte vor vier Jahren einige Bekanntheit als einer der Protagonisten in einer preisgekrönten US-Radiosendung über die Finanz- und Wirtschaftskrise.[15] Mit unverkennbarer Verwunderung in der Stimme erzählte er dort den Radiojournalisten, dass er auf dem Höhepunkt der Immobilienblase in finanzielle Schwierigkeiten geraten war und daraufhin – mit seinem Haus als Sicherheit – einen Kredit von 540 000 Dollar aufnahm. Zu dieser Zeit hielt er sich mit drei nicht besonders sicheren Teilzeitjobs, die ihm pro Jahr rund 45 000 Dollar einbrachten, mehr schlecht als recht über Wasser. Was ihn besonders verblüffte, war die Tatsache, dass die Bank ihm diesen Kredit ohne jede Überprüfung seines Einkommens gewährt hatte. Er musste lediglich darüber Auskunft geben, ob er einen Job habe. Eindrucksvoll an diesem Interview ist vor allem die Passage, in der er gefragt wird, ob er sich selbst einen solchen Kredit gegeben hätte. Seine Antwort: «Natürlich nicht! Niemand, den ich kenne, hätte mir Geld geliehen. Selbst die Kriminellen, die ich kenne, würden mir nicht so viel leihen, und die wissen, wie man die Daumenschrauben anzieht. Keine Ahnung, warum mir die Bank das Geld gab.» Es ist wohl keine Überraschung, dass Clarence Nathan bald nicht mehr in der Lage war, seine monatlichen Raten zu bezahlen, und deshalb sein Haus verlor.

Diese Geschichte – eines von zahllosen Beispielen – zeigt deutlich, dass der US-amerikanische Immobilienmarkt ernsthaft aus dem Ruder zu laufen begann. Die drei im letzten Kapitel erläuterten Faktoren erklären zwar weitgehend die Entstehung einer Preisblase. Sie alleine können aber den anschließenden massiven Preiseinbruch, der den Anfang der großen Krise markierte, nicht erklären. Entscheidend war letztlich die dramatische Verschlechterung der Qualität der Hypothekarkredite. Sie wurde von den Marktteilnehmern lange Zeit kaum wahrgenommen, und die Preissteigerungen vor allem in den Jahren 2004 bis 2006 erscheinen – im

Nachhinein gesehen – als völlig abstrus. Mit diesen Übertreibungen stieg aber das Risiko eines plötzlichen, drastischen Preiseinbruchs, sobald die fehlende Rechtfertigung der hohen Preise erkannt würde.

Die Verschlechterung der Kreditqualität hatte ihre Ursache in problematischen Anreizen; sie entstanden aus dem Zusammenwirken der drei in Kapitel 3 erläuterten Voraussetzungen und offensichtlichen Regulierungsfehlern auf dem US-amerikanischen Häusermarkt. Wir wollen uns jetzt dieser entscheidenden Qualitätseinbuße der Hypothekarkredite zuwenden.

NINJA-Kredite: Die kontinuierliche Verschlechterung der Kreditqualität

Die Geschichte von Clarence Nathan zeigt exemplarisch auf, was am US-amerikanischen Immobilienmarkt schiefzulaufen begann. Wegen der großen weltweiten Nachfrage nach den rentablen ABS und den aus der Verbriefung und Strukturierung entstehenden Gewinnmöglichkeiten bestand ein starker Anreiz, zusätzliche solche Produkte zu schaffen. Die Basis dieser Geschäfte waren Immobilienkredite, und so wurde nach 2002 die Kreditvergabe auf dem US-amerikanischen Häusermarkt aggressiv ausgeweitet. Wenn allerdings die üblichen Vorsichtsregeln bei der Kreditvergabe beachtet werden, lässt sich ein solches Geschäft nicht beliebig rasch ausdehnen. Wegen der starken Nachfrage der Investmentbanken nach verbrief- und strukturierbaren Hypotheken verschlechterte sich daher zunehmend die Qualität der Hypothekarkredite. Denn um das Angebot über das normal Tragbare hinaus auszuweiten, wurde ein immer größerer Anteil der Hypotheken *subprime*, also an zweifelhafte Schuldner vergeben. Abbildung 11 zeigt erstens die starke Zunahme der Hypothekarvergabe nach 2002, zweitens aber – und vor allem – den immer größeren Anteil an hoch riskanten Krediten ab 2004.[16]

Erfahrene Banker, die kaum glauben konnten, was hier vor sich ging, sprachen von sogenannten NINJA-Krediten. Der Begriff ist eine Abkürzung der Kombination ***n**o **in**come, **j**ob or **a**ssets*. Bei einer Kreditvergabe untersucht eine Bank normalerweise, ob eine Person ein regelmäßiges Einkommen *(income)* hat, wie ihre Beschäftigungssituation aussieht *(job)* und ob sie über genügend Vermögen *(assets)* verfügt. Denn verständlicherweise will die Bank eine gewisse Sicherheit haben, dass der

ABBILDUNG 11

Zweifelhafte Hypothekarkredite werden zum Normalfall

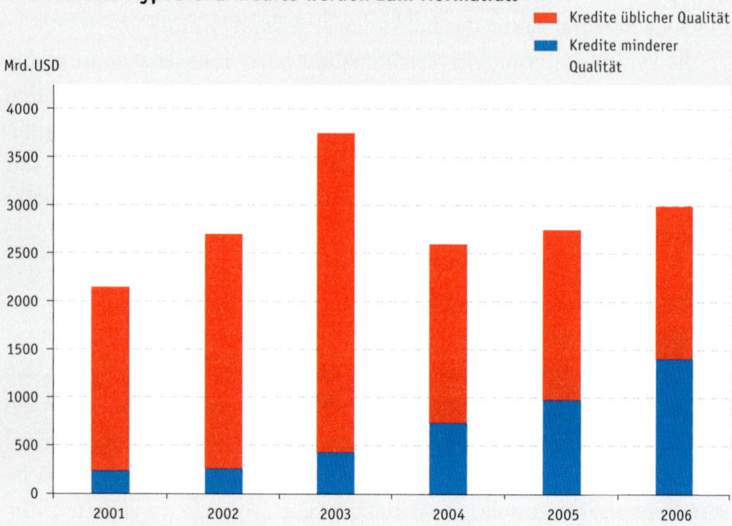

Quelle: Internationaler Währungsfonds (IWF), Inside Mortgage Finance

Kreditnehmer in der Lage ist, die monatlichen Hypothekarzinsen zu bezahlen. Schließlich geht es bei einem Häuserkauf um eine beträchtliche Summe, von der ein Hauskäufer in der Regel nur einen kleinen Teil aufbringt.[17] Mit anderen Worten: Das Hypothekargeschäft stellt für die Bank ein ziemlich großes Risiko dar, auch wenn das Haus als Sicherheit zur Verfügung steht. Häuserpreise können ja auch stark fallen – der weitere Verlauf der Krise hat dies deutlich gezeigt.

Mit der Zeit wurden die üblichen Überprüfungen bei der Hypothekenvergabe Schritt für Schritt gelockert, bis am Schluss Kredite an Personen vergeben wurden, die in normalen Zeiten nie und nimmer einen Hypothekarkredit erhalten hätten. Diese Kategorie von Schuldnern wurde als *subprime* bezeichnet, eine höfliche Umschreibung für eigentlich kreditunwürdige und deshalb mit hohen Risiken behaftete Kreditnehmer. Wie wir in Abbildung 11 sehen, gab es dieses Segment von Schuldnern schon vor 2002. Es handelte sich damals aber um einen ganz kleinen Anteil, bei dem bewusst hohe Risiken für eine hohe potenzielle Rendite eingegangen wurden. Das Außergewöhnliche war, dass dieser stark risikobehaftete Teil des Marktes nach 2004 mehr und mehr zum Normalfall werden sollte.

Anreizprobleme: Wieso spielten alle mit?

Angesichts dieser Übertreibungen scheint es völlig logisch, dass ein derartiges Geschäftsverhalten in eine ökonomische Katastrophe mündete. Die massive Kreditvergabe an eigentlich kreditunwürdige Personen klingt nach einem Rezept zur Geldvernichtung. Dennoch spielten alle Marktteilnehmer einige Jahre lang zunehmend begeistert mit. Der Markt war rentabel und galt gleichzeitig als sicher, sodass sich zuletzt selbst konservative Investoren weltweit mit hohen Beträgen daran beteiligten. Lange Zeit war sich kaum jemand der zunehmend problematischen Qualität der US-Hypothekarkredite wirklich bewusst. Doch um zu verstehen, warum hier so viele so lange mitmachten, müssen wir uns die Anreize der wichtigsten Beteiligten vergegenwärtigen.

Die lokalen US-amerikanischen Geschäftsbanken hätten eigentlich am besten wissen müssen, auf welch riskantes Spiel sie sich hier einließen. Schließlich waren sie es, die im großen Stil Hypotheken an offensichtlich wenig kreditwürdige Haushalte vergaben.[18] Sie hatten allerdings kaum Anreize, auf die Qualität der Schuldner zu achten, denn sie behielten die Risiken meist gar nicht in ihren Büchern. Sobald die Hypothek vergeben war, wurde die Forderung von den lokalen Geschäftsbanken an die Investmentbanken weiterverkauft, die daraus durch Verbriefung und Strukturierung – wie oben geschildert – Tranchen von ABS konstruierten und diese an Investoren verkauften. Nun wird ein Risiko, das ich nicht selbst tragen muss, mich nicht zu vorsichtigem Verhalten veranlassen, denn für die Kosten eines Verlusts kommt ja ein anderer auf. Ergeben sich beim Eingehen dieser Risiken auch noch hohe Gewinne, habe ich sogar einen klaren Anreiz, bewusst wegzusehen. Man ist sich heute weitgehend einig, dass dieser Wandel des Hypothekargeschäfts lokaler Banken von *originate to hold* (man behält die geschaffenen Kredite) zu *originate and distribute* (man gibt die Kredite und damit die Risiken gleich weiter) zu den wichtigsten Voraussetzungen für die Entstehung der Krise zählte.

Die Kreditnehmer waren in der Regel froh darüber, leicht an Geld und an ein Eigenheim zu kommen. Mühsame Kreditüberprüfungen, die vorher zahlreiche einkommensschwache Haushalte vom Zugang zu Krediten ausgeschlossen hatten, gab es plötzlich nicht mehr oder nur noch in sehr oberflächlicher Form. Außerdem war das Risiko für US-amerikanische Haushalte auch deshalb gering, weil – im Unterschied zu Europa – außer dem möglichen Verlust des Hauses keine weiteren rechtlichen Konsequenzen drohten. Diese Eigenheit des US-amerikanischen Rechts erlaubt es, dass ein Kreditnehmer, der seine Hypothekarkredite nicht mehr bezahlen kann, das Haus einfach der Bank übergibt. Als die Krise in vollem Gang war, sprachen US-amerikanische Banker mit Galgenhumor von den sogenannten *jingle mails*, die laufend bei ihnen eintrafen. Der Ausdruck bezieht sich auf das glockenähnliche Geräusch im Briefkasten, wenn ein Couvert mit den Hausschlüsseln eingeworfen wird. Die Tatsache, dass die Kreditnehmer nicht die vollen Kosten ihrer Risikobereitschaft tragen mussten, führte auch bei ihnen zu Moral-Hazard-Verhalten.

Die Investmentbanken und die Investoren hatten ebenfalls wenig Anreiz, das Ganze allzu genau zu überprüfen. Das äußerst lukrative Geschäft mit den ABS hing entscheidend davon ab, dass die Hypothekarbanken laufend neue Kredite sprachen und an die Investmentbanken verkauften. Selbst wenn da und dort gewisse Zweifel über die Qualität der zahlreichen Neuhypotheken bestanden, glaubte man sich doch durch die starke Diversifizierung geschützt. Schließlich enthielt jede ABS Tausende von Einzelhypotheken aus den verschiedensten Teilen des Landes. Zudem wiegte man sich in der falschen Sicherheit, dass wegen stets weiter steigender Häuserpreise allfällige Zahlungsausfälle durch die Erlöse aus dem Verkauf der Häuser gedeckt werden könnten. Der große Druck der Aktionäre auf die Banker, ähnlich hohe Gewinne wie die aggressive Konkurrenz zu machen, nährte überdies einen fatalen Herdentrieb, zunehmend mehr Kapital in diese scheinbar hoch profitablen Anlagen zu investieren. Zudem bestand ein guter Teil der Bankereinkommen aus Bonuszahlungen, deren Höhe vom kurzfristig erwirtschafteten Gewinn abhing (dazu mehr in der folgenden Box). Skepsis wurde da ganz sicher nicht belohnt: Selbst wenn ein Banker frühzeitig gewusst hätte, dass es sich um eine Blase handelte, die einmal platzen würde, hätte ihn eine entsprechend vorsichtigere Anlagestrategie rasch aus dem Geschäft gedrängt. Dies ist ein Grundproblem jeder Finanzmarktblase: Solange sie sich weiter aufbläht, ist Mitmachen eine rationale und sehr gewinnbringende Strategie.

Man muss einfach – was natürlich alles andere als einfach ist – den richtigen Moment zum Ausstieg erwischen. Kommt hinzu, dass sich die Investoren mit sogenannten CDS *(credit default swaps)* gegen den Ausfall von Krediten versichern konnten. Damit wähnten sie sich zusätzlich in einer Sicherheit, die sich aber später – ohne staatliche Nothilfen – als Pseudosicherheit erwies; denn die Krise trieb die Versicherer ebenso rasch in die Zahlungsunfähigkeit wie die Banken. Zusammenfassend kann festgehalten werden, dass einerseits die Risikobereitschaft der Investmentbanken und Investoren – wie die aller anderen Akteure auch – in dieser Krise außerordentlich hoch war und sie entsprechendes Moral-Hazard-Verhalten an den Tag legten. Andererseits aber waren sich viele Banken und Investoren auch gar nicht bewusst, welch große Risiken sie eingingen, das heißt, sie wähnten sich fälschlicherweise in Sicherheit.

Die Rolle von Managerlöhnen und insbesondere Boni

Ein sehr intensiv diskutiertes Thema ist die Rolle, die finanzielle Anreize für Bankmanager bei der Entstehung der Krise gespielt haben. Im Vorfeld der Turbulenzen hatten sich die Boni in dieser Branche in atemberaubende Höhen hinaufgeschraubt – was zu problematischen Anreizen führte, außerordentliche Risiken einzugehen. Eine Studie zeigt, dass es in den letzten hundert Jahren zwei Episoden gab, in denen sich die Spitzenlöhne in der Finanzbranche deutlich stärker erhöhten als im Rest der Wirtschaft. Die erste fiel in die Jahre vor der Großen Depression, die zweite in die Zeit unmittelbar vor der Finanzkrise.[19]

In den letzten Jahren wurden in zahlreichen Branchen problematische Anreize dadurch gesetzt, dass die Löhne von Managern stark mit dem kurzfristigen Unternehmensergebnis verknüpft wurden. Dies begünstigt die sehr kurzfristige Gewinnmaximierung, insbesondere dann, wenn spätere Verluste nicht durch Lohnkürzungen bestraft werden. Selbst wenn die Boni zu einem späteren Zeitpunkt tiefer sein sollten, besteht immer die Möglichkeit, dass der Manager das Unternehmen dann bereits wieder verlassen hat. Solche Lohnsysteme tragen generell dazu bei, dass die nächsten Quartalsergebnisse stärker gewichtet werden als das langfristige Unternehmenswohl. Oft werden in solchen Situationen deshalb zu große kurzfristige Risiken eingegangen.

Dieser Trend zur Betonung der kurzfristigen Unternehmenserfolge ist in den meisten globalen Branchen zu beobachten; er ist also keine Besonderheit des Finanzsektors. Um die besonders starke Risikoneigung in diesem Sektor zu erklären, gilt es einen zweiten Faktor zu beachten, den wir in der bisherigen Analyse immer wieder betont haben:

Banken sind außerordentlich stark verschuldet, und dieser *leverage* wurde vor der Krise noch einmal deutlich erhöht. Sind die Löhne und Boni an die Entwicklung der Rendite des Eigenkapitals gebunden, dann bildet die Verschuldung einen gewaltigen Hebel für die Spitzenlöhne. Wie wir in der Box auf S. 28/29 gesehen haben, sind wegen der starken Verschuldung die Eigenkapitalrenditen im Bankensektor deutlich höher als in anderen Branchen. Werden die Manager in Boomzeiten auf Basis dieser Größe entlohnt, entstehen rasch die Gehälter in zweistelliger Millionenhöhe, von denen man in den letzten Jahren immer wieder gehört hat. Und dies gilt in besonderem Maß für Banken, die so groß sind, dass der Staat sie nicht in Konkurs gehen lassen kann *(too big to fail)*. Manager dieser Banken können einen noch stärkeren Anreiz haben, mit sehr kurzfristigem Horizont große Risiken einzugehen. Schließlich sind die Gewinnmöglichkeiten gegen oben praktisch unbegrenzt, nach unten aber schon – falls es schiefgehen sollte, wird ja mit großer Wahrscheinlichkeit der Staat rettend eingreifen. Diese Anreizstruktur hat das Moral-Hazard-Verhalten gefördert und damit sicher einen Beitrag zur Entstehung der Finanzkrise geleistet.

Die hohen Managerlöhne sind in jüngster Zeit so stark kritisiert worden, dass wirtschaftspolitische Gegenmaßnahmen salonfähig geworden sind. Ökonomisch ist es alles andere als klar, ob der Staat die Lohnstruktur von Unternehmen regulieren sollte; schließlich ist es ja Sache der Aktionäre, in ihrem eigenen Interesse dafür zu sorgen, dass die Löhne effizient gestaltet sind. Bei Banken und insbesondere bei Großbanken aber gibt es durchaus auch ökonomische Argumente dafür, im Rahmen der Regulierung dieser Institute auch die Lohnsysteme zu berücksichtigen. Schließlich gefährdet eine zu große Risikofreude vor allem von Großbanken unter Umständen das gesamte Finanzsystem und ist damit nicht mehr eine Privatangelegenheit der Beteiligten.

Die Ratingagenturen schließlich hatten ebenfalls problematische Anreize. Sie verdienen ihr Geld damit, in einem äußerst komplexen Gebiet klärende Informationen bereitzustellen. Mit ihren Ratings erlauben sie Marktteilnehmern, Geschäfte zu tätigen, deren Risiken schwer abzuschätzen sind. Das Anreizproblem dieser Agenturen war nun, dass sie für die Bewertung der ABS von den Investmentbanken bezahlt wurden. Dabei bestand ihr inhaltliches Problem darin, dass diese Produkte völlig neu waren, womit es kaum Erfahrungswerte gab, auf denen die Bewertung hätte basieren können. Weil aber kaum jemand im Markt die Produkte wirklich vollständig durchschauen konnte, war die Nachfrage nach den Ratings besonders groß. Die Agenturen konnten mit klaren Aussagen sehr viel Geld verdienen, obwohl gerade in diesem Fall klare Aussagen besonders schwierig waren. Im Nachhinein gesehen, stützten sie ihre

Bewertungen auf zum Teil deutlich zu optimistische oder schlicht falsche Annahmen.

Fazit: Alle relevanten Akteure hatten klare Anreize mitzumachen. Wie immer bei der Entstehung einer Blase mahnten frühere Erfahrungen nicht zur Vorsicht, sondern wurden mit der Überzeugung weggewischt, dass «diesmal alles anders sei». Bei der New-Economy-Blase waren es neuartige Internetanwendungen, bei der Subprime-Blase ebenso neuartige Finanzprodukte, welche die ökonomische Grundregel umzustoßen schienen, dass hohe Gewinne nur mit hohem Risiko zu haben sind.[20]

Zusätzlich spielten klare Regulierungsmängel eine wichtige Rolle. Wir haben das bei den meisten Akteuren gesehen:

- Die Hypothekarbanken durften den gesamten Kredit weiterverkaufen und mussten die damit eingegangenen Risiken nicht in ihrer Bilanz behalten.
- Die Kreditnehmer konnten sich mit der Rückgabe des Hauses aller Verpflichtungen entledigen (Stichwort *jingle mail*).
- Die Investmentbanken konnten die hoch riskanten Anlagen in Tochtergesellschaften auslagern, deren Verschuldung keine regulatorischen Grenzen gesetzt waren, sodass die Eigenkapitalunterlegung der Geschäfte dieser Schattenbanken viel zu tief war.
- Die Ratingagenturen ließen sich die Bewertungen der komplizierten strukturierten Produkte von den Investmentbanken bezahlen, was den Anreiz für eine schonungslose Analyse nicht erhöhte.

5 DIE IMMOBILIENKRISE IN DEN USA

Das im letzten Kapitel skizzierte System auf dem US-Immobilienmarkt funktionierte nur, solange die Häuserpreise stiegen. Mitte 2006 aber trat ein, was es in den USA seit Menschengedenken nicht mehr gegeben hatte: Die Häuserpreise begannen landesweit drastisch zu sinken. Abbildung 12 führt die Daten aus Abbildung 6 für die Jahre nach 2006 weiter.

ABBILDUNG 12

Und sie können doch fallen: US-Häuserpreise nach 2006

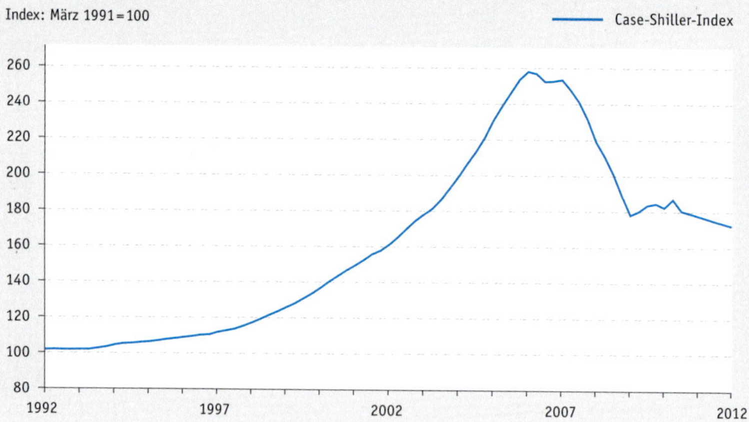

Quelle: Datastream

Die Krise beginnt

Wir haben in Kapitel 3 gesehen, dass die extrem expansive Geldpolitik eine der wichtigsten Ursachen für die Entstehung der Häusermarktblase war. Nachdem die Zinsen auch noch mitten im robusten Aufschwung der US-Wirtschaft auf dem ultratiefen Wert von 1 Prozent gehalten wurden, folgte – endlich, wie viele Beobachter meinten – ab 2004 deren schrittweise Anhebung. Diese aus heutiger Sicht überfällige Maßnahme löste aber die ersten Probleme auf dem Immobilienmarkt aus. Ein guter Teil der Subprime-Hypotheken war mit variablen Zinsen vergeben worden: Der Hypothekarzins schwankte also mit der allgemeinen Zinsentwicklung.[21] Der Anstieg der Leitzinsen führte deshalb sofort zu einem Anstieg der Hypothekarzinsen. Für Haushalte, die sich den Kredit aufgrund ihrer prekären Einkommenssituation ohnehin kaum leisten konnten (Stichwort NINJA-Kredite), war dieser Anstieg nicht zu bewältigen. Erste Kreditnehmer streckten deshalb die Waffen und gaben ihre Immobilien an die Banken zurück (Stichwort *jingle mail*).[22]

Damit verschob sich die Angebot-Nachfrage-Situation auf dem Häusermarkt. Sorgte zuvor eine laufend wachsende Nachfrage für steigende Häuserpreise, stieg jetzt plötzlich das Angebot an nicht mehr benötigten Immobilien drastisch an. Die logische, in dieser Situation fatale Folge war, dass die Häuserpreise erstmals seit Langem landesweit auf breiter Front zu sinken begannen. Das aber löste in der überhitzten Situation eine wahre Kettenreaktion aus. Mit dem Rückgang der Häuserpreise sank der Wert der einzigen Sicherheit der Banken bei den NINJA-Krediten. Die mangelnde Qualität dieser Kredite wurde nun offensichtlich und zwang die Banken zu plötzlich sehr großer Vorsicht im weiteren Umgang mit diesen Risiken. Die weit verbreitete Praxis, Kredite auszuweiten, weil bei steigenden Häuserpreisen ja auch die Sicherheiten laufend an Wert gewannen, wurde gestoppt – was die Nachfrage nach Häusern deutlich dämpfte. Abbildung 12 illustriert die starke Korrektur der Häuserpreise nach 2006. Nun könnte man – langfristig gesehen – von einer fälligen Normalisierung des Markts nach einer Phase der Übertreibung sprechen. Da aber die oben beschriebenen ABS unter der Erwartung steigender Häuserpreise geschaffen worden waren, wirkte sich die Preiskorrektur dramatisch aus.

In Abbildung 13 sehen wir dies an der Entwicklung der ABS-Preise, die in kürzester Zeit ins Bodenlose absackten. Dargestellt sind dabei die scheinbar sicheren, mit der Höchstnote AAA bewerteten Tranchen der ABS von Subprime-Schuldnern. Innerhalb eines guten Jahres gingen deren Preise um mehr als 70 Prozent zurück.

Diese ABS waren aber nicht ein kleines Nebengeschäft, sondern scheinbar höchst sichere und hoch rentable Investitionen, die bei Weitem

ABBILDUNG 13

Alles andere als todsichere Anlagen – trotz AAA-Rating

Der spektakuläre Preiseinbruch der mit AAA bewerteten ABS von Subprime-Schuldnern

Quelle: J. P. Morgan

nicht nur risikofreudige Anleger in Scharen angezogen hatten. Sie fanden sich in den Bilanzen von Investmentfonds, vermögenden Privatpersonen und Pensionskassen, vor allem aber – und das sollte sich als fatal erweisen – von Banken. Zudem waren die ABS nicht nur von US-Amerikanern gekauft worden, sondern in großem Stil auch von Investoren aus fast allen Ländern. Damit wurde das Problem von einer zwar großen, aber doch lokalen Finanzmarktkorrektur zu einer weltweiten Bedrohung für den Finanzsektor.

Was strukturierte Wertpapiere mit Würsten zu tun haben

Bevor wir uns den Auswirkungen auf die globalen Finanzmärkte zuwenden, gilt es noch, eine offensichtliche Frage zu behandeln: Warum führten vereinzelte Ausfälle im vergleichsweise kleinen US-Subprime-Hypothekargeschäft zu derartigen Einbrüchen der Preise der ABS? Schließlich hatte man doch immer wieder als großen Vorteil der Verbriefung hervorgehoben, dass sich das Risiko durch das Engagement in Tausende von einzelnen Hypotheken stark verteile. Eigentlich sollten die Investoren ja dadurch vor Verlusten geschützt sein. Dies insbesondere dann, wenn sie die scheinbar sicheren AAA-Tranchen der strukturierten Produkte gekauft hatten.

Tatsächlich aber führten die Verluste einzelner Schuldner sofort zu derartigen Preiseinbrüchen, dass auch die Besitzer der AAA-Tranchen hohe Abschreiber hinnehmen mussten. Denn bei der Konstruktion der Produkte hatte man einen entscheidenden Faktor zu wenig beachtet: Sie waren außerordentlich kompliziert, und wegen ihrer Intransparenz wusste niemand genau, wo die Risiken eigentlich lagen. Die Qualität einer einzelnen Hypothek konnte die lokale Bank aufgrund ihrer Markt- und Kundenkenntnisse beurteilen. Wie aber sollte ein Investmentbanker oder gar dessen Kundschaft die Sicherheit der Tausenden von Einzelgeschäften beurteilen, die in einer ABS gebündelt waren?[23]

Wenn ein Anleger erfährt, dass ein scheinbar sicheres Geschäft unsicher wird, ohne dass ihm jemand sagen kann, wie stark es gerade seine Beteiligung treffen wird, gibt es in der Regel für ihn nur eine Reaktion: Die Anlage so rasch wie möglich loszuwerden. Für diese normale menschliche Reaktion hat der St. Galler Privatbankier Konrad Hummler in einem Anlagekommentar einen sehr einprägsamen Vergleich gefunden.[24] Wohl inspiriert durch die bekannten Bratwürste seiner Heimatstadt, erläuterte er die große Ähnlichkeit zwischen strukturierten Produkten und Würsten. Ein ABS besteht wie eine Wurst aus zahlreichen Einzelbestandteilen, deren Herkunft niemand genau kennt. Einer Wurst sieht man von außen ihre Qualität nicht an. Wir essen sie im Vertrauen darauf, dass ihre Bestandteile von guter Qualität sind. Kommt aber der leiseste Verdacht auf, in einzelnen Würsten stecke Gammelfleisch, ist dieses Vertrauen schlagartig dahin. Laut Hummler bricht der Preis von Wurstwaren sofort ein, sobald auch nur ein leiser Zweifel an ihrer Qualität auftaucht. Ganz anders verhält es sich bei Filets. Sie bestehen aus einem Stück Fleisch, und wir können hier einfach prüfen, ob es verdorben ist, etwa indem wir daran riechen. Ein Gammelfleischskandal hat hier viel kleinere Auswirkungen auf Nachfrage und Preis.

Übertragen auf die Finanzmärkte, wird mit diesem Vergleich klar, wieso ab 2007 die Preise normaler Hypothekarkredite kaum betroffen waren, während die Probleme mit Subprime-Schuldnern die Preise für ABS sofort einbrechen ließen. Die Qualität der einzelnen Hypothek lässt sich relativ einfach prüfen, indem man sich das Haus und den Schuldner ansieht. Die Qualität des ABS aber ist kaum überprüfbar; es kann sein, dass in einem ABS sehr viele faule Kredite stecken – oder auch nicht. Wenn man das nicht weiß, das Produkt ohnehin kaum versteht und unsicher ist, wie groß die Probleme mit faulen Krediten generell sind, dann ist ein sofortiger Verkauf der Papiere eine vernünftige Strategie. Es zeigte sich, wie stark die Finanzmarktblase auf dem Vertrauen beruhte, dass die ganzen Konstruktionen zwar undurchschaubar, aber eben schon irgendwie in Ordnung seien. Ein derartiges Vertrauen ist aber leicht zu erschüttern. Der massive Preiseinbruch, der auf die zunehmenden Zweifel über die Qualität der US-Hypotheken folgte, war so gesehen die logische Konsequenz.

DIE KRISE WIRD GLOBAL

III

6 DIE WELTWEITE BANKENKRISE

- Aus Besorgnis wird Panik – Der Geldmarkt funktioniert nicht mehr
- Wieso führte gerade das Platzen der US-Immobilienblase zu einer globalen Krise?
- Der Verlauf der Bankenkrise
- Die Mechanik der Bankenkrise, Schritt für Schritt

7 DIE GLOBALE WIRTSCHAFTSKRISE

- Die Krise erfasst die gesamte Wirtschaft
- Warum dieser starke Einbruch?

8 DIE EUROPÄISCHE SCHULDENKRISE

- Der Aufbau von Ungleichgewichten seit der Einführung des Euro
- Der Ausbruch der Eurokrise
- Warum eine zweite Bankenkrise drohte

Wie im vorherigen Kapitel beschrieben, führten die Übertreibungen im US-Häusermarkt ab 2006 zu einem schockartigen Einbruch der Immobilienpreise. Weil sich aber die aus verbrieften Hypotheken geschaffenen Wertpapiere weltweit in den Bilanzen von zum Teil hoch verschuldeten Banken befanden, löste diese lokale Preiskorrektur eine ganze Kaskade von weltweiten Krisen aus, wie das in Abbildung 14 dargestellt ist.

ABBILDUNG 14

Die Krisenkaskade

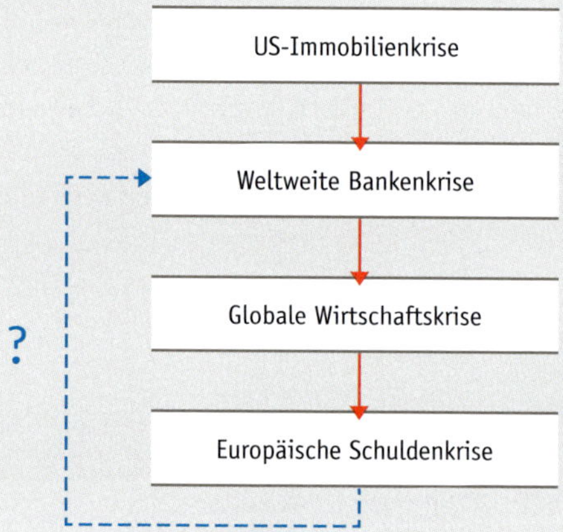

Eigene Grafik

Es begann mit einer Bankenkrise, die sich rasch zu einer Wirtschaftskrise ausweitete und schließlich in eine Verschuldungskrise im Euroraum mündete, die wiederum das Potenzial hat, eine erneute Bankenkrise auszulösen. Wir werden in diesem Teil Schritt für Schritt die einzelnen Krisen und ihre Zusammenhänge erläutern.

6 DIE WELTWEITE BANKENKRISE

Aus Besorgnis wird Panik – Der Geldmarkt funktioniert nicht mehr

«Ich weiß nicht, wer von Ihnen schon mal ein Erdbeben miterlebt hat. Die Leute behaupten, es werfe einen völlig aus der Bahn, weil man plötzlich merkt, dass es da eine Gewalt gibt, über die man keine Kontrolle mehr hat. So fühlte es sich damals an. In jener Woche wurde ein Ungeheuer freigelassen.» Diese Aussage aus der bereits erwähnten US-amerikanischen Radiosendung[25] ist typisch, wenn man Beteiligte nach der dramatischsten Periode der großen Krise fragt. Es war die Woche nach dem Zusammenbruch der US-amerikanischen Investmentbank Lehman Brothers im September 2008. Auch wenn dies damals nur wenigen so richtig bewusst war, ist man sich heute einig, dass die Weltwirtschaft damals vor einem gähnenden Abgrund stand.

Was war geschehen?

Das schockierende Ereignis bestand darin, dass Banken nicht mehr bereit waren, sich gegenseitig kurzfristig Zentralbankgeld zu leihen. Der Geldmarkt, auf dem diese Transaktionen normalerweise stattfinden, war vollständig eingefroren. Damit weitete sich die Krise definitiv vom Immobilienmarkt auf den gesamten Finanzsektor aus – und darüber hinaus. Lehman Brothers war zwar wegen Verlusten auf ABS in Konkurs gegangen, aber darüber hinaus war die Bank auch stark auf dem Geldmarkt engagiert gewesen, unter anderem indem sie kurzfristige Schuldscheine an sogenannte Geldmarktfonds verkauft hatte. Durch den Konkurs des Unternehmens wurden diese Schuldscheine wertlos und brachten damit die Käufer dieser Papiere in große Schwierigkeiten. Diese Geldmarktteilnehmer waren nicht risikofreudige Investmentbanken, sondern Fonds, die auf einem normalerweise völlig risikolosen Markt ihre Kunden mit kurzfristigen Krediten versorgen wollten. Einen Tag nach dem Konkurs von Lehman Brothers mussten die Anleger erstmals in der Geschichte beim größten und ältesten Geldmarktfonds, dem Reserve Fund, einen Verlust auf ihre kurzfristigen Kredite hinnehmen. Das ist, als ob Sie auf

Ihrem Bankkonto, anstatt Zinsen zu erhalten, Verluste erleiden würden. Wenn das geschieht, würden Sie mit Sicherheit sofort ihr Geld abheben und anderweitig anlegen oder in bar halten. Genau dies taten die Manager der Geldmarktfonds. Am 17. September, also zwei Tage nach dem Lehman-Konkurs, zogen sie über 100 Milliarden Dollar vom Geldmarkt ab und legten das Geld in Staatsanleihen an.

Der Zusammenbruch des Geldmarktes traf aber nicht nur die Banken, sondern auch die Unternehmen anderer Branchen. Kurzfristige Kredite auf dem Geldmarkt – sogenannte *commercial papers* – sind für das tägliche Geschäft all dieser Unternehmen unabdingbar. Mit dem Einfrieren dieser normalerweise höchst sicheren Finanzierungsmöglichkeit schwappte die Krise definitiv auf den Rest der Volkswirtschaft über.

Wieso führte gerade das Platzen der US-Immobilienblase zu einer globalen Krise?

Bis jetzt haben wir beschrieben, wie sich in den USA eine Preisblase auf dem Immobilienmarkt bildete und warum diese schließlich platzte. Das ist ohne Zweifel ein besonders interessantes Fallbeispiel für eine Übertreibung auf den Finanzmärkten, aber derartige Ereignisse kommen relativ häufig vor. Nur wenige Jahre zuvor war ja in der Folge der Euphorie über die New Economy eine mindestens ebenso spektakuläre Blase auf den Aktienmärkten geplatzt, und in den letzten Jahrzehnten war es in verschiedenen Ländern immer wieder zu solchen Preiseinbrüchen bei Anlagen gekommen. In keinem dieser Fälle aber resultierte daraus eine länderübergreifende Finanzkrise, geschweige denn eine globale Wirtschaftskrise. Was war diesmal anders?

Der entscheidende Unterschied war, dass diesmal nicht in erster Linie private Anleger, sondern Banken vom Platzen der Blase betroffen waren. Verlieren bei einem Preiseinbruch vor allem private Investoren ihre Einlagen, so bleiben die Effekte auf andere Akteure beschränkt; dies war der Fall beim Platzen der New-Economy-Blase. Sind hingegen Banken von starken Verlusten betroffen, können daraus massive Kettenreaktionen resultieren, die das gesamte Finanzsystem bedrohen. Und diese Gefahr ist dann besonders groß, wenn die Risikobereitschaft der Banken so ausgeprägt ist, dass sie sich außerordentlich stark verschulden, um in scheinbar hoch rentable Papiere – in diesem Fall die ABS – zu investieren.

Relativ kleine Verluste auf diesen Papieren können dann für die betroffenen Banken und das gesamte Finanzsystem existenzbedrohend werden.

Der Verlauf der Bankenkrise

Erste Anzeichen für Probleme bei größeren Banken zeigten sich im Juni 2007. Die US-amerikanische Investmentbank Bear Stearns musste zwei Fonds schließen, die stark in den US-Subprime-Markt investiert hatten. Zwei Monate später war mit der französischen Bank BNP Paribas eine nicht amerikanische Großbank betroffen; auch sie musste einige Subprime-Fonds liquidieren. Gleichzeitig begannen die ABS-Preise drastisch zu sinken (vgl. Abbildung 13).

Die Ausweitung zur eigentlichen Finanzmarktkrise ist aber – wir haben es ganz zu Beginn schon festgehalten – auf den 9. August 2007 zu datieren. An diesem Tag begannen die Probleme für Beobachter sichtbar auf die Geldmärkte überzugreifen. Die Banken bekamen Schwierigkeiten, ihr kurzfristiges Fremdkapital zu erneuern. Bis zu diesem Zeitpunkt war das Ganze als weitgehend lokale Schwierigkeit mit gewissen US-Hypotheken gesehen worden. Das erschütterte Vertrauen der internationalen Banken untereinander, das sich auf den Geldmärkten zeigte, machte aber klar, dass sich ein viel grundlegenderes Problem abzeichnete.

Wie ungewöhnlich die Entwicklung auf den Geldmärkten war, lässt sich an einem Indikator zeigen, der es in den letzten Jahren aus den hintersten Seiten der Finanzpresse schon beinahe in die einführenden Lehrbücher geschafft hat: Die Zinsdifferenz zwischen gesicherten und ungesicherten kurzfristigen Krediten – «Risikoprämie auf dem Geldmarkt» genannt. Abbildung 15 zeigt die Entwicklung dieses Indikators für die USA in den vergangenen knapp zehn Jahren. Weil der Indikator die unterschiedliche Dramatik der Situation im Verlauf der Krise perfekt abbildet, kann man diese Darstellung auch als Fieberkurve der Bankenkrise interpretieren.

Name und genaue technische Beschreibung dieses Indikators muten reichlich kompliziert an, aber eigentlich handelt es sich um etwas intuitiv Verständliches. Leihe ich jemandem Geld, dann macht es für mein Risiko einen großen Unterschied, ob ich dafür etwas als Sicherheit erhalte oder nicht. Eine solche Sicherheit ist zum Beispiel das Haus, das mit einem Hypothekarkredit finanziert wird. Kann der Kreditnehmer

ABBILDUNG 15

Die Fieberkurve der Bankenkrise

Risikoprämie auf dem US-Geldmarkt

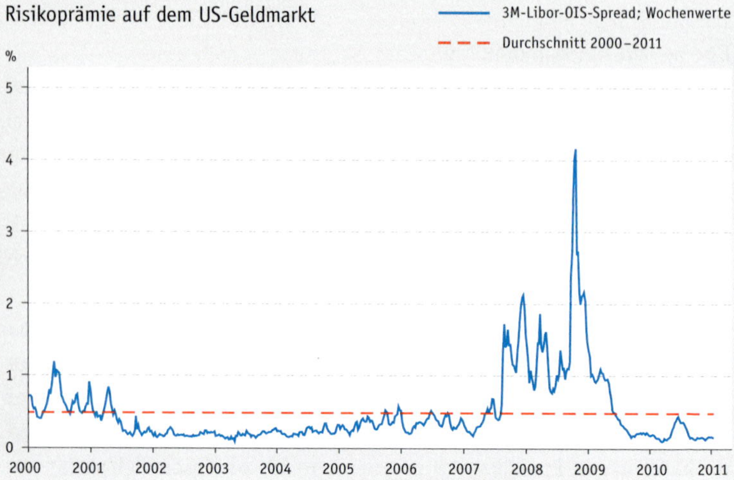

Quelle: Datastream

nicht zurückzahlen, so kann die Bank bei einem gesicherten Kredit das Geld durch den Verkauf der als Sicherheit hinterlegten Wertsache – in diesem Fall des Hauses – zurückerhalten. Bei einem ungesicherten Kredit dagegen geht sie leer aus. Offensichtlich ist also das Risiko beim ungesicherten Kredit höher, und es ist logisch, dass die Bank für dieses höhere Risiko mit einem höheren Zins entschädigt werden will. Die Risikoprämie auf dem Geldmarkt misst nun genau diesen Zinsunterschied zwischen gesicherten und ungesicherten Krediten.[26]

Wie unglaublich liquide und zuverlässig der Geldmarkt in der Regel ist, zeigt die Tatsache, dass vor der Krise kaum ein Unterschied zwischen den Kosten von ungesicherten und gesicherten Krediten bestand; wir sehen in der Abbildung, dass die Risikoprämie über Jahre hinweg praktisch null betrug. Das zeigt das große Vertrauen der Banken untereinander, liehen sie sich doch routinemäßig jeden Tag sehr große Beträge – und das ohne Sicherung und ohne dafür einen wesentlichen Risikozuschlag zu verlangen. Dieses Vertrauen belegt aber auch ein weiteres Mal – und dies ist die Kehrseite der Medaille – die ausgeprägte Risikobereitschaft der Banken, die für die Entstehung der Krise von großer Bedeutung war. Das ganze Bankgeschäft basierte auf der Annahme, dass kurzfristige Kredite jederzeit, in praktisch unbeschränktem Ausmaße und sehr billig zu haben waren. Der Schock war daher umso größer, als dies ab August 2007 nicht mehr der Fall war. Wie wir in Abbildung 15 sehen, musste schon im September 2007 für ungesicherte Kredite ein Aufschlag von einem Prozentpunkt gezahlt werden, was sehr viel ist. Beunruhigend war dabei weniger, dass die Kredite teurer wurden, sondern dass es für gewisse Kreditnehmer schwierig wurde, überhaupt noch – zu welchem Preis auch immer – an Kredite zu kommen. Denn die ständig wachsenden Verluste auf den ABS-Positionen hatten das bis dahin völlig selbstverständliche Vertrauen erschüttert, dass große Banken jederzeit zahlungsfähig sind. Entscheidend war dabei vor allem, dass die genaue Höhe der Verluste schwer zu beziffern war und dass nicht klar war, was noch alles auf die Banken zukommen würde. In dieser neuen Situation musste also jede Bank, die einen Kredit auf dem Geldmarkt vergab, damit rechnen, das Geld eventuell nie mehr zurückzuerhalten. Dieses sogenannte Gegenparteirisiko bei einem Kredit wurde schlagartig als stark erhöht erachtet.

Wie wir in Abbildung 15 sehen, hielten diese Probleme nach dem August 2007 während längerer Zeit an. Obwohl die Risikoprämie ab und zu wieder sank – das Fieber also etwas nachließ –, war sie weit davon entfernt, auf Vorkrisenniveau zurückzugehen. Wir werden in Kapitel 9 sehen, dass die Zentralbanken in dieser Periode dezidiert gegen die Störungen auf dem Geldmarkt angingen. Damit gelang es, für mehr als ein Jahr eine Zuspitzung der Krise zu vermeiden. Diese Phase endete aber abrupt, als die Investmentbank Lehman Brothers am 15. September 2008 Konkurs anmelden musste. Der Schock dieses Ereignisses bestand vor allem darin, dass die Marktteilnehmer fest damit gerechnet hatten, die Behörden würden die viertgrößte US-Investmentbank retten. Man ging davon aus, die Bank sei *too big to fail*, also zu groß und damit zu sehr mit anderen Banken verflochten, als dass sie fallen gelassen würde. Die US-Regierung aber, ohnehin schon stark in der Kritik wegen der Unterstützung großer US-amerikanischer Banken, griff nicht ein.[27]

Wie traumatisch dieses Ereignis war, zeigt Abbildung 15. In der Folge erhöhte sich die Risikoprämie auf dem US-Geldmarkt von bereits hohen

1 auf extreme 4 Prozent. Lehman Brothers war für die Finanzmärkte so bedeutend, dass der Geldmarkt praktisch zum Stillstand kam. Das Vertrauen in die Finanzmärkte war dermaßen erschüttert, dass die Banken sich gegenseitig buchstäblich kein Geld mehr ausliehen.

Viele sind heute der Ansicht, dass ohne die massiven Reaktionen der Zentralbanken im Herbst 2008 ein Wirtschaftseinbruch vom Kaliber der Großen Depression gedroht hätte. Auf jeden Fall markierte der Kollaps von Lehman Brothers den Übergang von einer Finanzkrise zu einer weltweiten Wirtschaftskrise. Warum aber eskalierte die Situation so plötzlich? Um das zu verstehen, muss man die Mechanismen diskutieren, die hinter der sich laufend beschleunigenden Verschlechterung der Situation der Banken standen.

Die Mechanik der Bankenkrise, Schritt für Schritt

Nach der Beschreibung des Verlaufs der Bankenkrise wollen wir uns jetzt der Erklärung dieses Ereignisses zuwenden. Dabei geht es darum, schrittweise die Dynamik der Kettenreaktionen, die schließlich zu einer bedrohlichen Abwärtsspirale führten, zu analysieren. Abbildung 16 fasst die wichtigsten Wirkungszusammenhänge zusammen.

Ausgehend von dieser Wirkungskette, lassen sich konzeptionell vier Phasen der Bankenkrise unterscheiden:

1. Im Vorfeld der Krise verschulden sich Banken stark mit kurzfristigen Geldern, um auf eigene Rechnung in hoch rentable ABS mit scheinbar tiefem Risiko zu investieren.
2. Verluste auf diesen ABS lassen die Eigenkapitaldecke der Banken schrumpfen; ohne Gegenmaßnahmen droht die Insolvenz.
3. Wegen der branchenweiten Verluste beginnen Banken unsicher darüber zu werden, wie solvent andere Banken sind. Sie sind deshalb nicht mehr bereit, sich gegenseitig auf dem Geldmarkt kurzfristige Kredite zu geben.
4. Da die kurzfristigen Schulden nicht mehr erneuert werden, geraten viele Banken in massive Liquiditätsprobleme. Sie versuchen sich die Mittel durch den Verkauf von Wertpapieren, vor allem ABS, zu besorgen. Da alle gleichzeitig verkaufen wollen, fallen die Preise der ABS ins Bodenlose.

ABBILDUNG 16

Die Abwärtsspirale

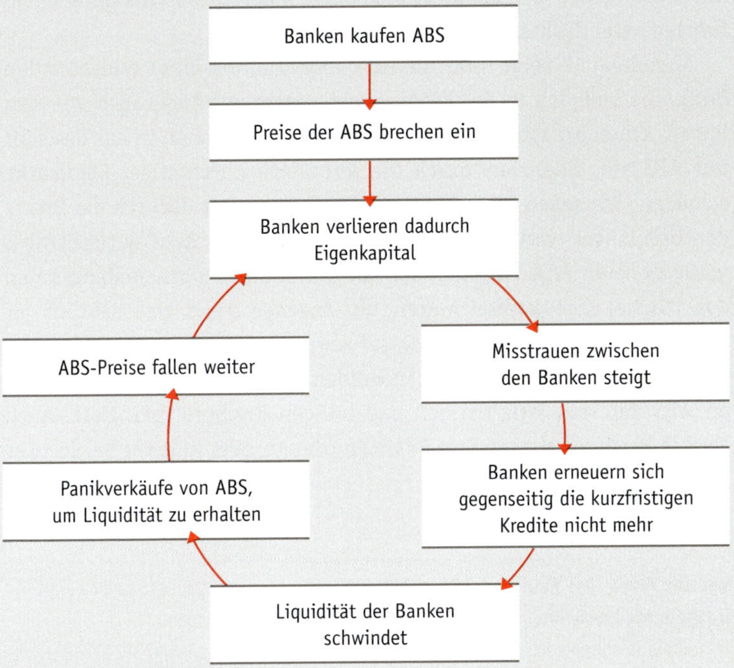

Eigene Grafik

Die fallenden Preise der ABS bringen die Eigenkapitaldecke weiterer Banken zum Schrumpfen, die Spirale beginnt von Neuem bei Phase 2.

Dieser sich selbstverstärkende Prozess kann rasend schnell erfolgen und so das gesamte Finanzsystem in eine schwer kontrollierbare Abwärtsspirale ziehen. Wir wollen jeden dieser vier Schritte genauer nachzeichnen; sie bilden zusammen den Kern zum Verständnis der Mechanik der Finanzkrise.

Phase 1: Der massive Kauf von ABS, finanziert mit kurzfristigen Geldmarktschulden

Am besten lassen sich die Ereignisse anhand der im ersten Kapitel eingeführten vereinfachten Bankbilanz erläutern.

Abbildung 17 zeigt links die Ausgangssituation einer traditionellen Bank, die lediglich in der Kreditvergabe tätig ist. Angezogen von den hohen, scheinbar sicheren Renditen steigt die Bank nun in das Geschäft mit ABS ein, finanziert durch die Aufnahme kurzfristiger Geldmarktschulden. Wir sehen in der rechten Abbildung, dass dadurch die Bilanz deutlich länger wird.[28] Weil sich die Bank auf den Kauf der scheinbar völlig sicheren AAA-Tranchen der ABS beschränkt, muss sie dafür kaum zusätzliches Eigenkapital halten; ihr *leverage* steigt also deutlich an. Wegen der im Vorfeld der Krise so gut wie unbeschränkten Finanzierungsmöglichkeiten auf dem Geldmarkt wurden auf diese Weise riesige Mengen an ABS mit sehr kurzfristigen und billigen Krediten finanziert. Auch seriöse Banken weiteten ihre Bilanzen (direkt, oder indirekt bei Tochter-

ABBILDUNG 17

Vor der Krise: Der Kauf von ABS auf Pump

Bilanz einer Bank, die große Bestände von ABS mit kurzfristigem Fremdkapital finanziert

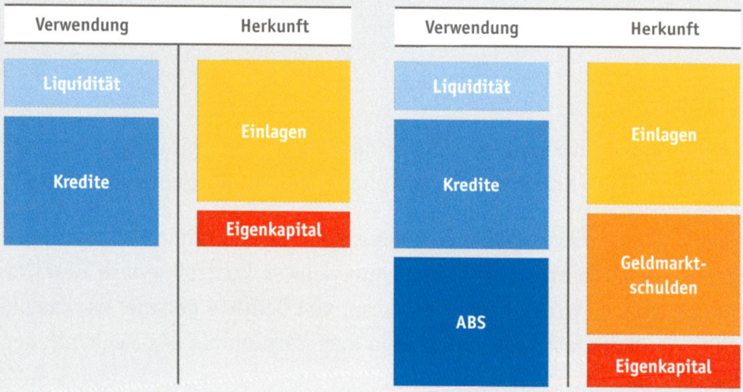

Eigene Grafik

gesellschaften) massiv aus, erhöhten also ihren *leverage* stark, um an diesem lukrativen Geschäft teilnehmen zu können.

Phase 2: Verluste auf den ABS lassen die Eigenkapitaldecke schrumpfen

Mit dem oben beschriebenen Einbruch der Preise von ABS ab Anfang 2007 wurden die gewaltigen Risiken dieses Geschäfts offensichtlich. Die fallenden Preise der Wertpapiere zwangen die Banken, Abschreibungen vorzunehmen, das heißt, den nun tieferen Wert dieser Wertpapiere in der Bilanz auszuweisen. Dies war eine Folge der Regulierung, nach der Banken die Aktiven in schlechten Zeiten zum Marktwert in den Büchern führen müssen (sogenanntes *mark to market*).[29] Die Bank wies damit aus, dass sie auf ihren Anlagen Geld verloren hatte, was bedeutete, dass sich das Eigenkapital der Bank entsprechend reduzierte. Wir sehen dies in Abbildung 18.

Die im Vergleich zur gesamten Bilanzsumme relativ kleinen Abschreibungen fressen bei dieser stark verschuldeten Bank schon einen Großteil

ABBILDUNG 18

Beginn der Krise: Der Wertverlust der ABS reduziert das Eigenkapital
Abschreibungen von ABS in der Bankenbilanz

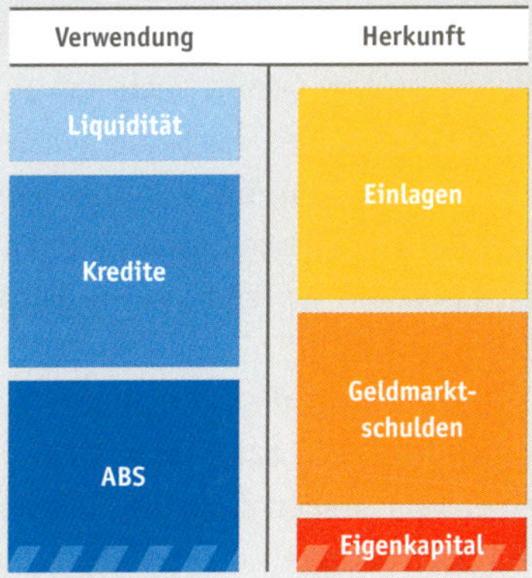

Eigene Grafik

des Eigenkapitals weg; es bleibt in diesem Beispiel kaum mehr ein Risikopolster. In vielen Fällen waren die Banken gar so stark verschuldet und daher das Eigenkapital im Verhältnis zur in ABS investierten Summe so klein, dass der Rückgang der ABS-Preise und die entsprechenden Abschreibungen in der Bilanz ausreichten, um die Bank insolvent zu machen: Der Verlust aus Abschreibungen war dann größer als der Bestand an Eigenkapital. Deshalb versuchten die betroffenen Banken während der Krise mit allen Mitteln, an zusätzliches Eigenkapital zu kommen, um die ABS-Verluste auszugleichen (vgl. dazu die Box «Die Rettung der UBS als Fallbeispiel» auf Seite 103). Die hohe Verschuldung *(leverage)*, die in guten Zeiten hohe Gewinne garantiert hatte, zeigte jetzt gnadenlos ihre Kehrseite.

Phase 3: Der verheerende Vertrauensverlust zwischen den Banken

Noch schlimmer aber war der Vertrauensverlust zwischen den Banken, der aus dieser Situation resultierte. Erst das führte zu einer systembedrohenden Bankenkrise. Im Verlauf des Jahres 2008 wurde immer klarer, dass viele Banken stark verschuldet waren und auf Bergen von ABS saßen, deren Preise laufend fielen und deren Wert oft nicht zu beurteilen war, da sich für sie keine Käufer mehr fanden. Man wusste also, dass vielen Banken die Insolvenz drohte, doch man wusste nicht, wer wie stark betroffen war. Mit einer Bank, deren Zahlungsfähigkeit zweifelhaft ist, möchte aber keine andere Bank Geschäfte machen, und dies besonders dann nicht, wenn Zahlungsausfälle sie selbst existenziell bedrohen könnten. Ein modernes Bankensystem beruht – wir haben es gesehen – stark auf den täglichen Geldmarktkrediten der Banken untereinander. Versiegt diese Finanzierungsquelle, so kann dies zu einer Serie von Bankenkonkursen führen, die – wegen der starken gegenseitigen Verflechtung über die kurzfristige Verschuldung – laufend weitere Banken mit in den Abgrund reißen.

Wie wir in Kapitel 2 gezeigt haben, entstehen Bankenkrisen, historisch betrachtet, in der Regel aus *bank runs:* Wegen Zweifeln über die Zahlungsfähigkeit einer Bank stehen dann die Einleger vor den Schaltern Schlange, um ihr Geld noch rechtzeitig abzuheben, und nach kurzer Zeit fehlt der Bank die Liquidität, um die Kundschaft zu bedienen. Bei dieser Krise aber lag das Problem nicht so sehr bei den Einlagen (Verschuldung der Bank bei Haushalten), sondern bei der anderen, oft weniger beachteten Kategorie von Fremdkapital, nämlich der Verschuldung bei anderen Banken. Wie wir in Abbildung 17 gesehen haben, wurde der Kauf der ABS meist über eine Verschuldung bei anderen Banken finanziert;[30] daraus entstand der hohe Verschuldungsgrad, also der extreme *leverage*.

Kredite zwischen den Banken sind aber – im Gegensatz zu den normalerweise langfristig angelegten Kundengeldern – immer sehr kurzfristig. Das bedeutet, dass die Banken diese Kredite von anderen Banken laufend erneuern müssen. In der Krise versiegte diese Finanzierungsquelle plötzlich, womit es für die Banken immer schwieriger und schließlich fast unmöglich wurde, auf dem Geldmarkt das kurzfristige Fremdkapital zu erneuern. Die Banken erlebten also einen veritablen *bank run*, ohne dass dies in der Öffentlichkeit groß bemerkt wurde. Es fehlten die Medienberichte und Bilder von Schlangen vor den Bankschaltern, da das Ganze auf dem für die Öffentlichkeit unsichtbaren Geldmarkt stattfand. Der Effekt für die Banken war aber genauso verheerend wie bei einem traditionellen *bank run*; der einzige, wenig relevante Unterschied war,

ABBILDUNG 19

Ein für die Öffentlichkeit unsichtbarer *bank run*

Bank mit Finanzierungsproblemen auf dem Geldmarkt

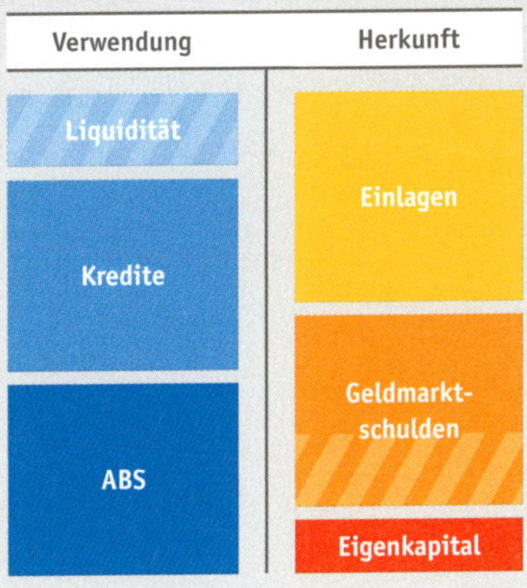

Eigene Grafik

dass statt der Einlagen die kurzfristigen Geldmarktschulden «abgezogen» (genauer: nicht erneuert) wurden.

Damit aber kam die Bilanz der Bank ein zweites Mal in Schieflage. Wir sehen dies in Abbildung 19. Dabei nehmen wir an, unserer Bank sei es gelungen, die Abschreibungen bei den ABS dadurch abzufangen, dass sie sich erfolgreich zusätzliches Eigenkapital beschafft hatte (so geschehen im Fall der UBS, siehe Box auf Seite 103). Damit war die Bank zwar wieder solvent; da jedoch die kurzfristigen Geldmarktschulden nicht mehr erneuert werden konnten, nahmen die liquiden Mittel drastisch ab – es entstand eine weitere existenzbedrohliche Situation.

Phase 4: Panikverkäufe von ABS wegen Liquiditätsproblemen

Wenn die Liquidität unter das regulatorisch geforderte Mindestmaß sank und die Bank keinen Zugang zum Geldmarkt mehr hatte, musste sie zusätzliche Aktiven verkaufen, andernfalls wurde sie zahlungsunfähig. Da Kredite kurzfristig kaum verkäuflich sind, wurden Wertpapiere und damit bei vielen Banken die Bestände der ABS auf den Markt geworfen. Weil aber sehr viele Banken plötzlich in derselben Situation waren, erhöhte sich das Angebot an ABS massiv – und das bei stark schrumpfender Nachfrage. Der vorhersehbare ökonomische Effekt war ein weiterer Sturzflug der Preise für diese Papiere. Damit verschärften sich die Solvenzprobleme der überschuldeten Banken weiter, denn sie waren gezwungen, zusätzliche Abschreibungen vorzunehmen. Die Abschreibungen wiederum reduzierten das Eigenkapital, womit sich der Teufelskreis schloss. Die Rückkoppelung über die Geldmärkte führte somit zu einer sich laufend beschleunigenden Abwärtsspirale, die rasch das gesamte Finanzsystem erfasste.

7 DIE GLOBALE WIRTSCHAFTSKRISE

Während mehr als einem Jahr (von Herbst 2007 bis Herbst 2008) bestand die Hoffnung, dass die Krise im Wesentlichen auf die Finanzmärkte beschränkt bleiben würde. Zumindest aber ging man davon aus, dass allfällige schwerere Einbrüche vor allem die Länder betreffen würden, die eine starke Korrektur auf den Immobilienmärkten erlebt hatten, also allen voran die USA und Großbritannien. Ab September 2008 zeigte sich aber, dass diese Hoffnung vergeblich gewesen war. In rascher Abfolge erfasste die Krise in den USA alle wesentlichen Sektoren der Wirtschaft und griff über die internationalen Handelsströme auf die Weltwirtschaft über.

Bereits heute ist klar, dass die Krise zum – abgesehen vom Zweiten Weltkrieg – tiefsten weltweit synchronen Einbruch der Wirtschaft seit der Großen Depression geführt hat, wobei natürlich zwischen den Ländern große Unterschiede bestanden. Es scheint sich zu bestätigen, was die Analyse von Finanzkrisen in einzelnen Ländern immer wieder gezeigt hat: Rezessionen nach solchen Krisen sind besonders tief und dauern oft länger als üblich. Und diesmal waren die Turbulenzen auf den Finanzmärkten nicht auf einzelne Länder beschränkt; vielmehr erlebten wir die erste weltweite Finanzkrise seit der Großen Depression.

Wir werden zunächst mit einigen Grafiken den Verlauf der Rezession beschreiben und anschließend die wichtigsten Erklärungen für die besonders starken Einbrüche diskutieren.

Die Krise erfasst die gesamte Wirtschaft

Nach dem Zusammenbruch von Lehman Brothers wurde rasch deutlich, dass diese Krise nicht auf den Geldmarkt beschränkt bleiben würde. Der erste klare Indikator dafür waren die starken Einbrüche der Aktienmärkte im Herbst 2008, die wir in Abbildung 20 für die USA (S&P 500), Deutschland (DAX 100) und die Schweiz (SPI) deutlich sehen können.

Nachdem zu Beginn der Krise vor allem die Aktien von Finanzinstituten unter Druck geraten waren, begannen im Herbst 2008 die Werte sämtlicher Wirtschaftszweige deutliche Rückschläge zu erleiden. Nun

ABBILDUNG 20

Der Crash auf den Aktienmärkten

Aktienindizes Deutschland, USA, Schweiz

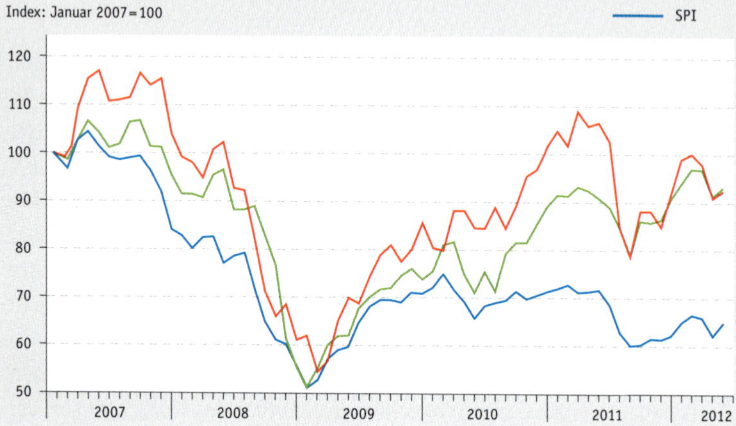

Quelle: Datastream

wurden also auch die Zukunftsaussichten von Unternehmen anderer Branchen drastisch schlechter beurteilt.

Sehr rasch erwies sich diese Einschätzung als richtig. Im vierten Quartal 2008 brach der internationale Handel in einer Art und Weise ein, wie man das seit dem Zweiten Weltkrieg nicht mehr gesehen hatte. Jahrelang hatte der Welthandel einen Boom erlebt, die Importe und Exporte nahmen stark zu; das war auch dann noch der Fall, als das Ausmaß der Finanzkrise Ende 2007 und Anfang 2008 immer klarer wurde. Im Herbst 2008 änderte sich die Situation aber schlagartig (siehe Abbildung 21).

In sehr kurzer Zeit reduzierten sich die Exporte aller wichtigen Länder massiv. Vor allem bei den Investitionsgütern brach die Nachfrage plötzlich weg. International tätige Unternehmen berichteten von Auftragsrückgängen von bis zu 80 Prozent. Dieses plötzliche Wegfallen der Nachfrage führte dazu, dass sich die Lager der Unternehmen rasant füllten, was Letztere wiederum dazu zwang, ihre Produktion in den folgenden Quartalen deutlich zu drosseln. Durch den Einbruch des Welthandels

ABBILDUNG 21

Ein noch nie gesehener Einbruch des Welthandels

Warenexporte in nationaler Währung, saisonbereinigte Indizes

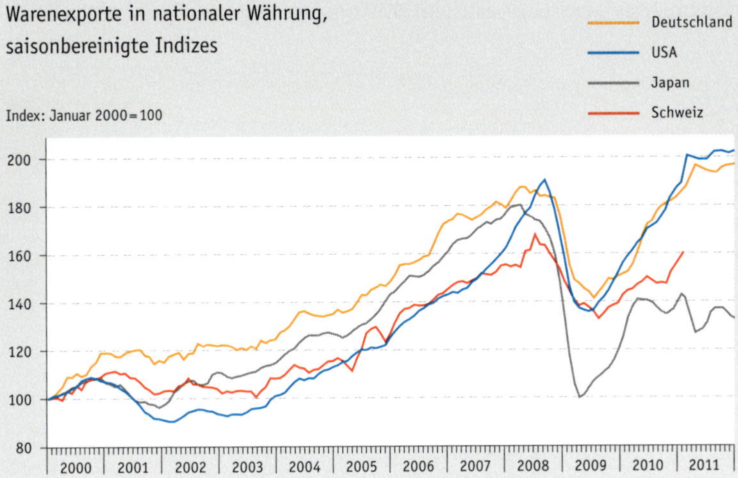

Quelle: OECD

wurde offensichtlich, dass auch der Gesamtproduktion und damit dem Bruttoinlandprodukt (BIP) der betroffenen Länder ein außergewöhnlich starker Rückgang bevorstand; die Finanzkrise weitete sich zur globalen Rezession aus.

Das Ergebnis zeigt sich in den Wachstumsraten des BIP. Bereits im dritten Quartal waren diese in den meisten Ländern leicht negativ, der große Einbruch kam dann aber im vierten Quartal 2008 und in der ersten Jahreshälfte 2009, wie Abbildung 22 verdeutlicht.

Wegen der sehr starken Rückgänge in der ersten Jahreshälfte betrug der BIP-Rückgang für das Gesamtjahr 2009 in einzelnen Ländern bis zu 5 Prozent – eine wahrhaft schwere Rezession.

Der starke Einbruch bedeutete, dass die meisten Länder rasch eine außerordentlich tiefe Auslastung ihrer Produktionskapazitäten verzeichneten. Dies war der Hauptgrund für die in den darauffolgenden Quartalen deutlich steigende Arbeitslosigkeit in den meisten von der Krise betroffenen Ländern.

ABBILDUNG 22

Die tiefste Rezession seit Jahrzehnten

Quartalsweise Veränderungsraten des BIP in Prozent gegenüber Vorjahresquartal

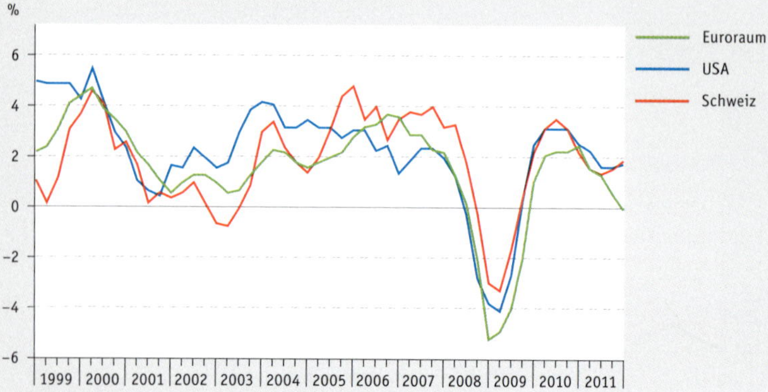

Quelle: OECD

Warum dieser starke Einbruch? [31]

Eine Rezession wird in aller Regel durch einen Rückgang der gesamtwirtschaftlichen Nachfrage ausgelöst. Wegen eines solchen Rückgangs werden nicht alle produzierten Güter verkauft, und die Lagerbestände erhöhen sich. Die Unternehmen reduzieren als Reaktion darauf ihre Produktion, was zu einem Rückgang des BIP führt, also zu einer Rezession.

Wenn wir verstehen wollen, wieso der Einbruch in dieser Krise so stark war, müssen wir deshalb analysieren, wie stark die einzelnen Komponenten der gesamtwirtschaftlichen Nachfrage betroffen waren. Letztere setzt sich zusammen aus der Binnennachfrage, also dem Konsum und den Investitionen, und der Nachfrage des Auslandes, also den Exporten.

Effekte auf die Binnenwirtschaft

Obwohl der Konsum einen deutlich größeren Anteil an der gesamtwirtschaftlichen Nachfrage ausmacht, sind es in der Regel Veränderungen in der Investitionsnachfrage, die am Anfang von Rezessionen und Aufschwüngen stehen. Denn die Investitionen schwanken wesentlich stärker.

Verschlechtert sich die Wirtschaftslage, so werden die Unternehmen sehr rasch die Investitionen zurückfahren, da ja in einer Rezession für den Ausbau der Produktionskapazitäten kein Bedarf besteht. Auch in dieser Krise reduzierten sich die Investitionen stark, als klar wurde, dass die Probleme nicht auf (lokale) Finanzmärkte beschränkt bleiben würden. Der Effekt verstärkte sich, als die Tiefe des Einbruchs offensichtlich wurde, und erhielt zusätzlichen Schub durch die wachsende Unsicherheit über die Dauer der Rezession. Nur wenige waren bereit, in einer schrumpfenden Wirtschaft und bei weltweit großen Zukunftsängsten an Investitionsprojekten festzuhalten, deren ursprüngliche Planung auf wesentlich besseren Aussichten beruht hatte. Es wurden vielmehr nicht nur Neuinvestitionen, sondern auch Ersatzinvestitionen aufgeschoben.

Rezessionen nach Finanzkrisen sind aber in der Regel besonders scharf, weil zu alldem noch ein weiterer, wichtiger Effekt hinzukommt. Die meisten Unternehmen finanzieren ihre Investitionen nicht aus eigenen Mitteln, sondern sind auf Bankkredite angewiesen; wir haben dies schon in Kapitel 2 angesprochen. Liegt die Ursache der Rezession in einer Bankenkrise, so ist dieser Finanzierungskanal empfindlich gestört. Banken mit ungenügender Liquidität und ungenügendem Zugang zu Fremdkapital haben nicht die Mittel, Kredite zu vergeben.[32] Sind viele Banken eines Landes davon betroffen, spricht man von einem *credit crunch*, einer Kreditklemme. Auch an sich seriöse, vielversprechende Investitionsprojekte sind in einer solchen Situation kaum mehr über Fremdkapital zu finanzieren. Und selbst eindeutig kreditwürdige Unternehmen mit guten Projekten haben dann keinen Zugang mehr zu Bankfinanzierungen; ganz zu schweigen von weniger bekannten, kleineren Unternehmen. Dieses Wegbrechen des Kreditangebots kann einen Zusammenbruch der Investitionen auslösen und eine Rezession damit stark verschärfen und verlängern. Genau dieser Prozess spielte sich während der Großen Depression in den 1930er-Jahren ab. Wir werden später sehen, dass es bei den wirtschaftspolitischen Maßnahmen insbesondere auch darum ging, eine Wiederholung dieser wirtschaftlichen Katastrophe zu verhindern.

Wie Abbildung 23 deutlich macht, zeigte sich in der aktuellen Krise in allen Ländern dieses Wegbrechen der Investitionen als Reaktion auf den unvermittelten, starken Einbruch der Weltwirtschaft. Der Rückgang der Gesamtinvestitionen betrug in den meisten Fällen über 10 Prozent.

ABBILDUNG 23

Ein abrupter Investitionsstopp

Bruttoanlageinvestitionen, quartalsweise Veränderungen

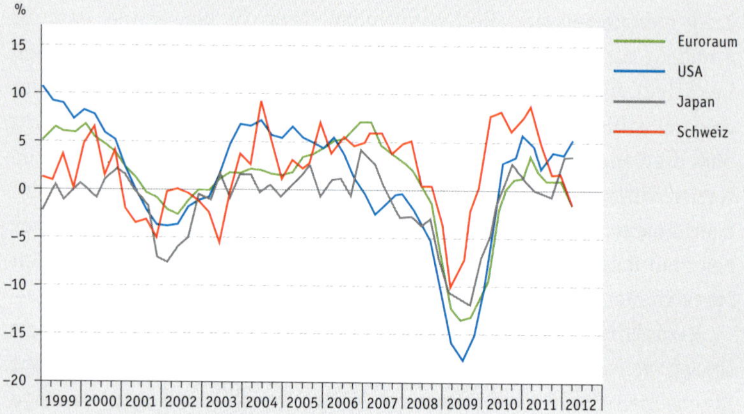

Quelle: Datastream

In einigen, allerdings längst nicht allen Ländern war auch ein starker Rückgang des Kreditangebots, also ein eigentlicher *credit crunch*, zu verzeichnen. Vor allem betraf dies Länder, in denen ein großer Teil der Banken gleichzeitig in Schwierigkeiten geriet.

Aber auch der Konsum – die mit Abstand größte Komponente der gesamtwirtschaftlichen Nachfrage – war stark betroffen. Die Konsumentinnen und Konsumenten verzichteten in erster Linie auf den Kauf von langlebigen Konsumgütern wie Autos oder Möbel. Solche Anschaffungen haben einen Investitionscharakter und werden in schlechteren Zeiten gerne aufgeschoben. Dazu kommt, dass auch für die Anschaffung von langlebigen Konsumgütern oft Bankkredite zur Finanzierung verwendet werden und die Kreditklemme nach einer Bankenkrise diese Finanzierungsquelle oft vollständig versiegen lässt. Zudem: Je stärker eine Krise zu Arbeitslosigkeit führt, desto stärker wird die Konsumnachfrage getroffen. Unsicherheit über den Arbeitsplatz motiviert die meisten Menschen zur Vorsicht und zum Sparen. All dies reduzierte in der Krise die gesamtwirtschaftliche Nachfrage zusätzlich.

Effekte auf den Außenhandel

Bleibt eine Finanzkrise auf ein einzelnes Land begrenzt, kann wenigstens die Exportnachfrage bei der Eindämmung der Rezession helfen. Die Länder, die nicht betroffen sind, werden ihre Nachfrage nicht einschränken und mit ihren Importen die betroffenen Länder stützen. Handelt es sich aber um eine globale Finanzkrise, so fällt dieser Effekt weg. Der gleichzeitige Einbruch der Nachfrage in allen Ländern führt dann zu einem Rückgang des Außenhandels. Und damit kommt auch die dritte Komponente der Nachfrage – die Exporte – unter Druck.[33] Wir haben in Abbildung 21 gesehen, dass der Außenhandel in der aktuellen Krise spektakulär zurückging. Dies führte auch in Ländern zu einem wirtschaftlichen Einbruch, die selbst kaum mit Bankenproblemen zu kämpfen hatten. Eine weltweite Finanzkrise hat vor allem auch deshalb so starke Effekte auf die Realwirtschaft, weil die internationale Verflechtung die negativen Nachfrageeffekte überall spürbar macht. In dieser Krise kam noch ein zusätzlicher Faktor hinzu: das Überschwappen der Probleme auf die Außenhandelsfinanzierung. Der internationale Handel basiert im täglichen Geschäft stark auf kurzfristiger Finanzierung von Export- und Importgeschäften. Sie wird vor allem über Großbanken abgewickelt – und gerade diese waren von der Finanzkrise besonders stark betroffen. Gleichzeitig mit den sonstigen Krediten versiegten somit auch die kurzfristigen Kredite zur Finanzierung von Außenhandelsgeschäften, was einiges zum besonders massiven Einbruch des Welthandels beigetragen hat.

8 DIE EUROPÄISCHE SCHULDENKRISE

Als das Schlimmste der Finanzkrise bereits überwunden schien, brach im Frühjahr 2010 ein weiterer Krisenherd auf, und zwar an einer Stelle, an der dies auf den ersten Blick nicht erwartet worden war. Ausgehend von der massiven Überschuldung Griechenlands und insbesondere des griechischen Staates, stieg die Besorgnis über die Staatsverschuldung zahlreicher europäischer Staaten rasch an. Allen voran bei Griechenland, Irland, Spanien und Portugal – den sogenannten GIPS-Ländern (um den despektierlicheren Ausdruck PIGS-Länder zu vermeiden) – begannen sich die Akteure auf den Finanzmärkten plötzlich zu fragen, ob diese Länder ihre Schulden jemals würden zurückzahlen können. Diese Ungewissheit verunsicherte die Anleger in Staatsanleihen natürlich stark. Wie wir in diesem Kapitel zeigen werden, war die europäische Schuldenkrise aber keinesfalls ein völlig anders gelagertes Ereignis, das einfach zufällig etwa zur gleichen Zeit ablief wie die Finanzkrise. Vielmehr war auch dieser Krisenherd zu einem guten Teil eine direkte Folge des Grundproblems der gesamten Krise: der Risikofreudigkeit von Banken und ihrer daraus folgenden Überschuldung, die auch eher geringe Verluste sofort existenzgefährdend werden ließ.

Der Aufbau von Ungleichgewichten seit der Einführung des Euro

Die Finanzkrise war zwar der Auslöser des Sturms, der Europa im Frühjahr 2010 heimsuchte. Dessen Heftigkeit aber kann nur verstanden werden, wenn man die jüngere Geschichte der Europäischen Währungsunion (EWU) betrachtet. Seit der Einführung des Euro Ende des letzten Jahrtausends bauten sich in der Währungsunion nämlich – von der Öffentlichkeit fast unbemerkt – gewaltige makroökonomische Ungleichgewichte auf, die der tiefer liegende Grund für die Krise im Euroraum sind. Die Finanzkrise trug dann aber dazu bei, dass die Korrektur dieser Situation schockartig verlief. Zuerst müssen wir jedoch verstehen, woher diese Ungleichgewichte stammten.

Der Boom in den GIPS-Ländern nach der Einführung des Euro

Entscheidend für den Aufbau der Ungleichgewichte war, dass die Einführung des Euro insbesondere den drei südlichen Ländern Spanien, Portugal und Griechenland einen plötzlichen, bedeutenden wirtschaftlichen «Schock» brachte: ihr Zinsniveau sank drastisch. Wir sehen dies in Abbildung 24.

ABBILDUNG 24

Die Fieberkurve der Eurokrise, Teil I

Zinsdifferenzen der einzelnen GIPS-Länder gegenüber Deutschland 1996–2007

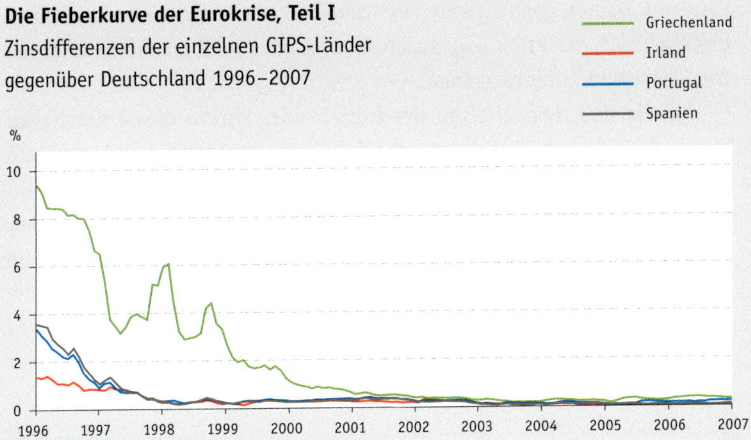

Quelle: Datastream

Die Kurven stellen den Unterschied zwischen den Zinsen dar, die auf Staatsanleihen der vier GIPS-Länder und auf diejenigen Deutschlands bezahlt werden. Die Einführung des Euro ist mit bloßem Auge zu erkennen. Es ist der Zeitpunkt, an dem diese Unterschiede verschwinden, die Differenz zu den deutschen Zinsen also gegen null fallen – in Spanien, Portugal und Irland wurde der Euro 1999 eingeführt, in Griechenland 2001. Der drastische Fall des Zinsniveaus in diesen Ländern hatte einen einfachen Grund: Mit der Aufgabe der eigenen Währung verschwand für die Anleger das Risiko von Wechselkursanpassungen.

Die im Vergleich zu Deutschland historisch lockere Geldpolitik insbesondere der südlichen Länder führte vor Einführung des Euro zu einer laufenden Abwertung von deren nationalen Währungen und damit zu einer Entwertung der auf diesen Anleihen bezahlten Zinseinkommen. Die Anleger ließen sich für dieses Abwertungsrisiko entschädigen, indem sie von den GIPS-Ländern höhere Zinsen verlangten. Sobald aber diese Länder die gleiche Währung hatten wie Deutschland, gab es kein Abwertungsrisiko mehr, und damit glichen sich die Zinsen dieser Länder sofort den deutschen Zinsen an. Mit anderen Worten: Die Anleger gingen seit Beginn des neuen Jahrtausends davon aus, dass das Risiko von GIPS-Länder-Anleihen genau gleich hoch sei wie das von deutschen Anleihen. Bei Ausbruch der Krise zeigte sich, dass diese Annahme falsch war; wir werden darauf zurückkommen.

Für die Volkswirtschaften der GIPS-Länder wirkte dieser drastische Zinsrückgang nach Einführung des Euro äußerst stimulierend. Er hatte den gleichen Effekt wie ein Übergang zu einer massiv expansiven Geldpolitik (der sich ja auch in sinkenden Zinsen manifestiert). In den Jahren nach der Zinsanpassung verzeichneten diese Länder denn auch einen eigentlichen Boom. Die Nachfrage im Inland erhöhte sich stark, da die tiefen Zinsen die Investitionen und den Konsum im Inland ankurbelten.

ABBILDUNG 25

Als die GIPS-Länder die neuen «Tiger-Staaten» zu sein schienen

Durchschnittliche nominelle BIP-Wachstumsraten der GIPS-Länder in der Boomperiode 2000–2007

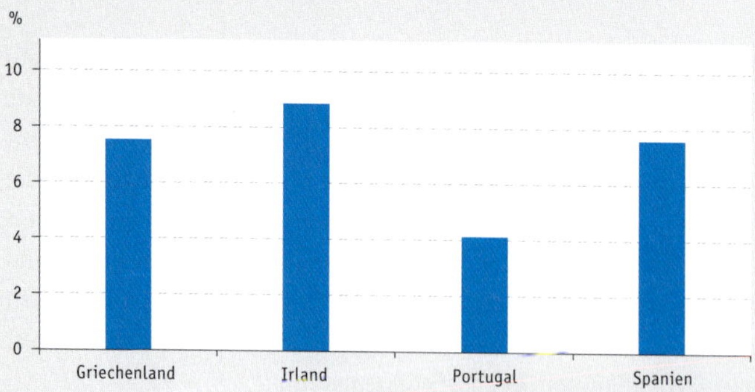

Quelle: Eurostat

Wir sehen das Resultat in Abbildung 25; die durchschnittlichen Wachstumsraten erreichten in dieser Periode die Größenordnung von Schwellenländern. Wir stellen hier die Wachstumsraten des nominellen BIP dar, weil diese Größe (und nicht das reale – also das um die Inflationsrate korrigierte – BIP) für die Höhe der Steuereinnahmen relevant ist. Und die Effekte auf die Steuern werden sich in der Folge als entscheidend erweisen.

Der Boom im Inland war die Quelle für den Aufbau der fatalen Ungleichgewichte. Diese entstanden auf zwei Ebenen: Erstens reduzierte sich die Wettbewerbsfähigkeit der GIPS-Länder, zweitens wurden die Staatsausgaben in völlig unnachhaltigem Ausmaß ausgeweitet. Abbildung 26 fasst die Entwicklung dieser beiden Ungleichgewichte zusammen, die im Folgenden Schritt für Schritt erläutert werden.

ABBILDUNG 26

Der Aufbau von Ungleichgewichten in den GIPS-Ländern

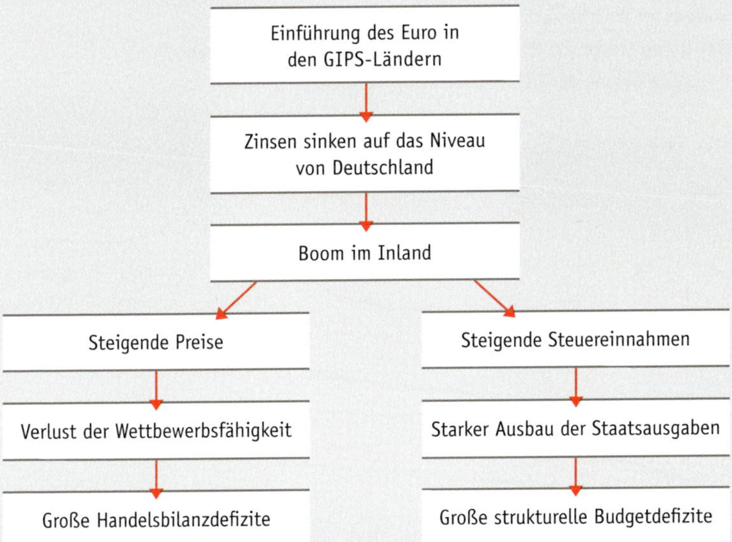

Eigene Grafik

Der Verlust der Wettbewerbsfähigkeit der GIPS-Länder

Die zusätzliche Nachfrage aufgrund des Inlandbooms war so stark, dass die Produktion kurzfristig nicht Schritt halten konnte; für den Aufbau neuer Produktionskapazitäten wird stets eine gewisse Zeit benötigt. Das Angebot in den GIPS-Ländern war also kurzfristig fix, die Nachfrage allerdings expandierte aufgrund der Zinssenkung stark. Die logische Folge war ein Anstieg der Preise und Löhne in diesen Ländern. Die Inflation lag deshalb in den GIPS-Ländern in der Periode nach 2001 spürbar höher als in Deutschland und anderen EU-Ländern, die bereits zuvor tiefe Zinsen aufwiesen. Wir sehen dies in Abbildung 27.

Diese Inflationsunterschiede hatten eine unangenehme Nebenwirkung. Sie führten zu einer sich laufend verschlechternden Wettbewerbsfähigkeit der Exporteure in den boomenden GIPS-Ländern. Dieser Punkt ist absolut entscheidend für das Verständnis der Hintergründe der Eurokrise: Ist die Inflation in einem Land höher als bei den Handelspartnern,

ABBILDUNG 27

Verlust an Wettbewerbsfähikeit:
Der Boom treibt die Preise in den GIPS-Ländern nach oben
Preisentwicklung der GIPS-Länder und Deutschlands

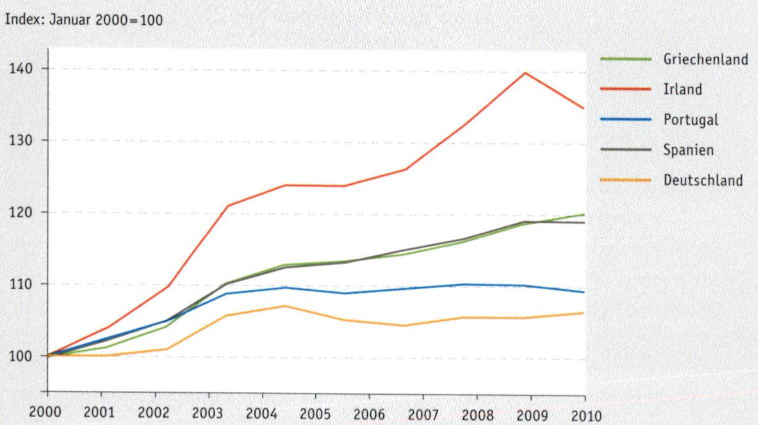

Quelle: OECD Economic Outlook 87

so wird es immer teurer, in diesem Land zu produzieren. Ein Exporteur bezieht die meisten Vorleistungen im Inland und erzielt seine Erträge im Ausland. Ist die Inflation im Inland höher, bedeutet dies, dass seine Kosten stärker steigen als seine Erträge; damit wird es für ihn immer weniger attraktiv, zu exportieren. Vor der Einführung des Euro hätte die höhere Inflation einfach zu einer Abwertung der inländischen Währung geführt und so den negativen Effekt der Inflation auf die Wettbewerbsfähigkeit wieder kompensiert. Nach Einführung des Euro bestand aber dieser Anpassungsmechanismus nicht mehr. Die höheren Inflationsraten übersetzten sich direkt in sinkende Wettbewerbsfähigkeit.

Die Effekte der sinkenden Wettbewerbsfähigkeit können wir in Abbildung 28 erkennen. Dargestellt ist die durchschnittliche Leistungsbilanz der GIPS-Länder für die Periode von 2000 bis 2007. Diese entspricht im Wesentlichen der Differenz zwischen Exporten und Importen; ist sie negativ, so importiert das Land mehr, als es exportiert.

Wie nicht anders zu erwarten war, machten die sinkende Wettbewerbsfähigkeit und der Boom im Inland Exporte in zunehmenden Maß weniger attraktiv als Importe. Portugal und Griechenland wiesen in dieser Periode

ABBILDUNG 28

Leben auf Pump: Wenn die Importe viel stärker steigen als die Exporte
Durchschnittliche Leistungsbilanzdefizite der GIPS-Länder in Prozent des BIP 2000–2007

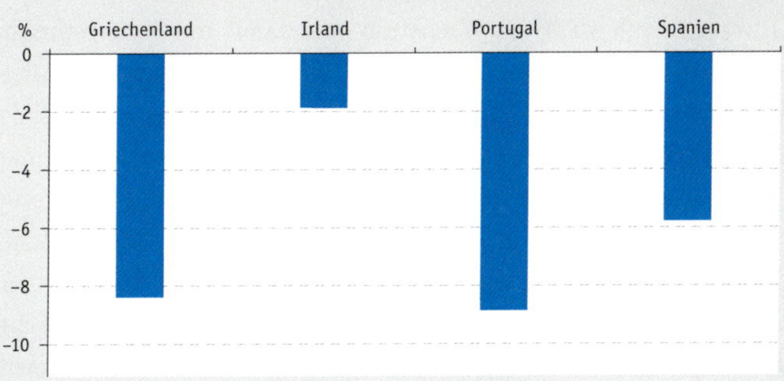

Quelle: Internationaler Währungsfonds (IWF)

ein Defizit der Leistungsbilanz von durchschnittlich mehr als 8 Prozent des BIP auf. Das sind im internationalen Vergleich sehr hohe Defizite. Finanziert wurde dieser Importüberschuss durch eine zunehmende Verschuldung im Ausland, insbesondere bei den anderen Euroländern. Während der Boomjahre importierten vor allem Griechenland, Portugal und Spanien Jahr für Jahr große Beträge an Kapital aus den nördlichen Ländern des Euroraums. Es ist dies genau der gleiche Mechanismus, den wir in Kapitel 3 für die Leistungsbilanzdefizite der USA beschrieben haben; wer mehr importiert als exportiert, muss sich im Ausland verschulden, um das entstehende Leistungsbilanzdefizit zu finanzieren.

Etwas provokativ zusammengefasst: Nach der Einführung des Euro feierten die GIPS-Länder im Inland eine ausgedehnte Party, die zu einem guten Teil durch Verschuldung bei den anderen Euroländern finanziert wurde.

Die übermäßige Ausdehnung der Staatsausgaben

Gleichzeitig – und dies war der zweite Effekt des künstlichen Booms im Inland – feierte auch der Staat kräftig mit. In Abbildung 29 sehen wir diese eigentliche Ursache für die Überschuldung.

Die durch den Boom im nominellen BIP (siehe Abbildung 26) kräftig sprudelnden Steuereinnahmen wurden direkt für zusätzliche Staatsausgaben genutzt. Das Wachstum der Staatsausgaben der GIPS-Länder lag 2000 bis 2007 im Durchschnitt zwischen 5 Prozent (Portugal) und mehr als 11 Prozent (Irland). Vergleichen wir dies mit dem BIP-Wachstum aus Abbildung 26, so sieht dies auf den ersten Blick gar nicht so problematisch aus, waren doch auch das Wachstum und damit die Steuereinnahmen in dieser Boomperiode außerordentlich hoch. Trotzdem waren die steigenden Staatsausgaben für die Entstehung der Krise entscheidend. Es wurde nämlich nicht berücksichtigt, dass der Boom nach der Übernahme des Euro eine künstliche Übertreibung war und sich nicht durch eine grundsätzliche Verbesserung der Leistungsfähigkeit dieser Länder rechtfertigen ließ. Denn er kam ja vor allem aus dem einmaligen Effekt einer massiven Zinsreduktion durch die Einführung des Euro zustande. In fataler Missachtung dieser Tatsache wurden die gestiegenen Steuereinnahmen stattdessen als nachhaltig behandelt. Dadurch stieg das strukturelle Defizit in den Haushalten der GIPS-Länder stark an.

ABBILDUNG 29

Auch der Staat feiert kräftig mit

Durchschnittliches Wachstum der Staatsausgaben der GIPS-Länder in Prozent des BIP 2000–2007

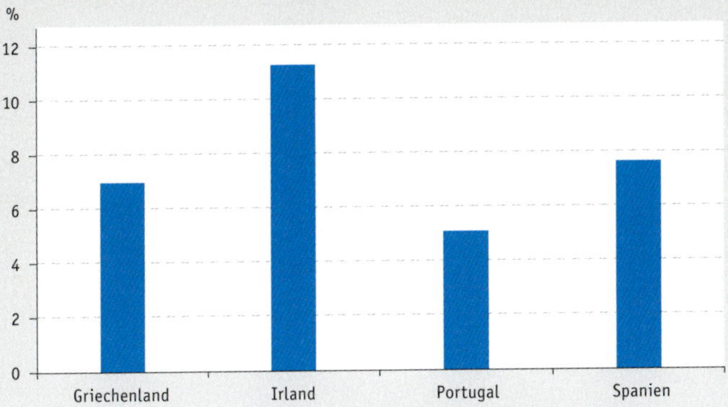

Quelle: Eurostat

Der Ausbruch der Eurokrise

Die weltweite Finanzkrise traf die Volkswirtschaften der überhitzten GIPS-Länder wie ein Keulenschlag. In kürzester Zeit wurde klar, wie wenig nachhaltig die Expansion vor der Krise gewesen war. Dabei war anders als bei früheren derartigen Übertreibungen eine korrigierende Abwertung der Währung nicht mehr möglich. Die Folge war sofort ein tief greifender gesamtwirtschaftlicher Einbruch, der den GIPS-Ländern ab 2008 stark negative Wachstumsraten bescherte. Der Kontrast zum wirtschaftlichen Boom in den vergangenen Jahren war besonders groß, und entsprechend hoch fiel auch der Rückgang der Steuereinnahmen aus. Die im Boom stark ausgeweiteten Staatsausgaben ließen sich aber nur schon aus innenpolitischen Gründen nicht entsprechend aggressiv zurückfahren, sodass die Budgetdefizite der GIPS-Länder ab 2008 explodierten. Wir sehen dies in Abbildung 30.

Die vier Länder wiesen im Jahr 2009 Budgetdefizite von zum Teil deutlich über 10 Prozent des BIP auf. Weil der Fehlbetrag durch Verschuldung finanziert werden musste, stieg die Staatsverschuldung explosions-

ABBILDUNG 30

Das staatliche Budget läuft völlig aus dem Ruder

Budgetdefizite der GIPS-Länder in Prozent des BIP 2000–2011

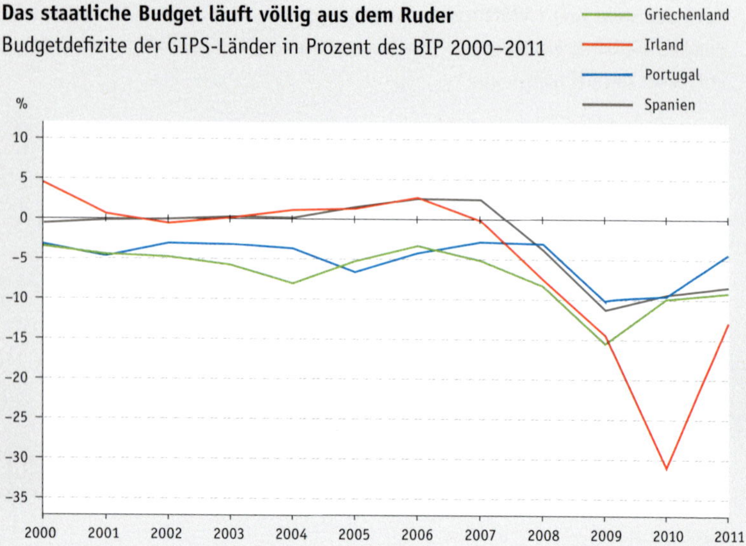

Quelle: Eurostat

artig an. Die Schuldenquote – die Staatsverschuldung in Prozent des BIP – erhöhte sich dadurch stark, stieg doch der Zähler dieser Kenngröße (die Verschuldung), während der Nenner (das BIP) gleichzeitig sank.

Nun waren die GIPS-Länder natürlich nicht die einzigen Länder, die in der Krise mit einer sehr negativen Entwicklung solcher makroökonomischer Größen zu kämpfen hatten. Sie wurden davon aber in einer wesentlich ungünstigeren Ausgangslage getroffen, weil in den Jahren zuvor ihre Wettbewerbsfähigkeit durch die aus dem Inlandboom resultierende Inflation stark reduziert worden war und sie als Mitglied der Eurozone keine Möglichkeit hatten, durch Wechselkursanpassungen die Situation zu verbessern. Dies führte dazu, dass in diesen Ländern die Exporte in der Krise besonders stark einbrachen, was den BIP-Rückgang noch verstärkte.

Diese ungünstige gesamtwirtschaftliche Entwicklung, gepaart mit der unkontrolliert wachsenden Staatsverschuldung, führte auf den Finanzmärkten zu einem schlagartigen Vertrauensverlust in die wirtschaftliche Leistungsfähigkeit dieser Länder. Plötzlich machte sich die Sorge breit, dass die GIPS-Länder gar nicht mehr in der Lage sein könnten, ihre Zinszahlungen zu leisten und die Schulden zurückzuzahlen. Mit großer Verspätung realisierten die Anleger, dass trotz gemeinsamer Währung zwischen den Staatsanleihen von Deutschland und Griechenland doch große Unterschiede bestanden. Nicht nur die Währungsentwicklung, sondern auch die Zahlungsfähigkeit der Schuldner bilden Risiken einer Kreditvergabe – eine Tatsache, welche die Zinsentwicklung vor der Krise in keiner Weise widerspiegelt hatte.

Nach Ausbruch der Krise wurde den Anlegern dieses Risiko bewusst, was sich in der Zinsentwicklung sofort niederschlug. Der Verlauf der Zinsdifferenz zwischen den GIPS-Ländern und Deutschland nach 2007, die wir in Abbildung 31 sehen, zeigt dies auf: Ab Mitte 2008 begannen die Finanzmärkte die Überschuldungsprobleme der vier Länder zu erkennen, die in den Jahren zuvor inexistenten Risikoprämien stiegen nach dem Konkurs von Lehman Brothers spürbar an.

ABBILDUNG 31

Die Fieberkurve der Eurokrise, Teil II

Zinsdifferenzen der einzelnen GIPS-Länder gegenüber Deutschland 2001–2012

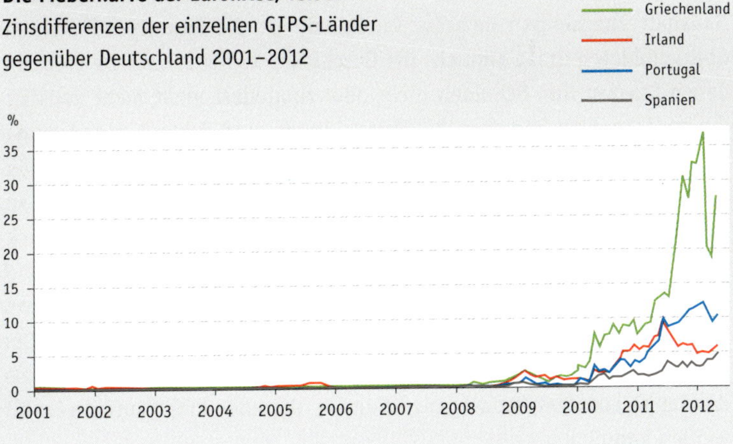

Quelle: Datastream

Nach der Stabilisierung der Finanzmärkte bildeten sich die Zinsaufschläge im Verlauf von 2009 wieder etwas zurück, sodass das schwelende Problem erst teilweise erkannt wurde. Zu Beginn des Jahres 2010 aber, als sich die finanzielle Lage der GIPS-Länder weiter verschlechterte, brach die Krise voll aus. Die Zinsaufschläge für griechische Staatsanleihen stiegen innert kürzester Zeit auf über 8 Prozent an, und auch die anderen drei Länder verzeichneten deutlich ansteigende Risikoprämien. Diese deuteten darauf hin, dass die sich rapide verschlechternde Situation der Staatsfinanzen dieser Länder als Zeichen dafür gewertet wurde, dass die Rückzahlung der Kredite nicht mehr gesichert war. Die Investoren wollten sich dieses Risiko mit höheren Zinsen abgelten lassen. Damit verschlechterte sich aber die Situation für die GIPS-Länder weiter, weil sich jetzt die laufend wachsenden zusätzlichen Schulden immer stärker verteuerten. Kombiniert mit der beschriebenen, massiv verschlechterten Wettbewerbsfähigkeit dieser Länder, wurde zunehmend klar, dass die Schuldenproblematik kaum mehr zu bewältigen war.

Warum eine zweite Bankenkrise droht

Gerät ein privater Haushalt in eine Spirale ständig ansteigender Schulden, endet dies oft in einem zumindest teilweisen Konkurs. Die Gläubiger müssen in diesem Fall anerkennen, dass eine vollständige Rückzahlung kaum mehr möglich ist und sie zumindest Teile ihrer Kredite an den Haushalt abschreiben müssen. Im Prinzip ist die Situation für einen überschuldeten Staat ähnlich. Die Geschichte kennt zahlreiche Fälle, in denen Staaten ihre Schulden nicht oder zumindest nicht mehr vollständig zurückzahlen konnten. Bei Entwicklungs- und Schwellenländern geschah dies so oft, dass es sogar eine Organisation der staatlichen Gläubiger solcher Staaten gibt. Dieser sogenannte Pariser Club strebt an, mithilfe von Umschuldungen wenigstens Teile der Gelder wieder zurückzuerhalten. In einer Umschuldung verzichtet letztlich der Gläubiger auf einen Teil des Kredites in der Hoffnung, dass das Schuldnerland dann eher in der Lage sein könnte, die verbliebenen Schulden zu bedienen. Der Spatz in der Hand (teilweise Rückzahlung) wird als besser erachtet als die Taube auf dem Dach (ganze Summe, die aber nicht zurückgezahlt werden kann).

Die offensichtliche Lösung der Verschuldungskrise im Euroraum wäre also eine solche teilweise Abschreibung der Schulden gewesen. Es wäre damit akzeptiert worden, dass die Gläubiger in der Boomperiode vor 2007 unvorsichtige Kredite vergeben hatten und jetzt die Kosten dieses Fehlers mitzutragen hätten. Das Problem war allerdings, dass ein guter Teil dieser Schulden von Banken in den Überschussländern der Eurozone[34] gehalten wurde und dass viele dieser Banken in der Folge der Finanzkrise ohnehin unterkapitalisiert waren. Letztlich war die leichtfertige Vergabe von Krediten an die GIPS-Staaten ein weiteres Zeichen für das unvorsichtige Geschäftsgebaren zahlreicher Banken vor der Finanzkrise. Und es handelte sich dabei um eindrückliche Summen, wie Abbildung 32 zeigt.

Ausgehend von relativ tiefen Beständen im Jahr 2000, explodierte die Vergabe von Krediten an die GIPS-Länder bis ins Jahr 2009. In Spanien etwa stieg der Schuldenbestand bei den Banken der Überschussländer in dieser kurzen Zeit von 100 auf über 600 Milliarden Euro. Diese Zahlen

ABBILDUNG 32

Ein weiteres Klumpenrisiko in den Bankbilanzen

Bestand an GIPS-Schulden in den Bankbilanzen der Überschussländer der Eurozone

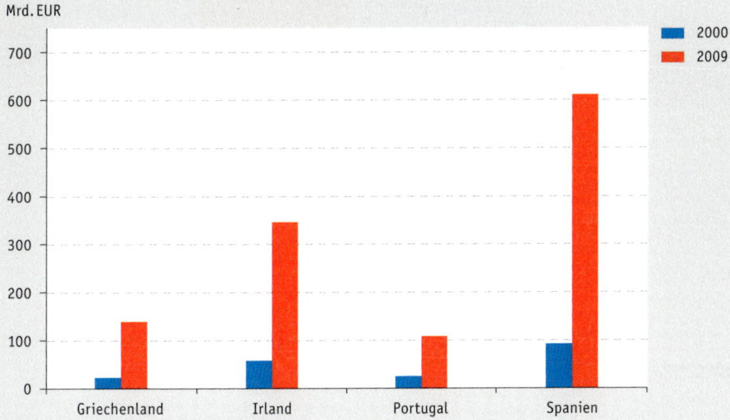

Quelle: Bank für Internationalen Zahlungsausgleich (BIZ)

sind das Gegenstück zu den hohen Leistungsbilanzdefiziten der GIPS-Länder in dieser Periode, die wir in Abbildung 28 gesehen haben; diese wurden zu einem Großteil durch Kredite aus den anderen Euroländern finanziert. Und ein beträchtlicher Teil dieser Schulden befand sich – die Abbildung zeigt dies – in den Büchern von Banken aus den Überschussländern.

Damit drohte im Frühjahr 2010 eine Wiederholung der Bankenprobleme auf dem Höhepunkt der Finanzkrise – eine Finanzkrise II sozusagen. Und letztlich handelte es sich auch um das genau gleiche Problem. In der Hoffnung auf Handelserträge hielten risikofreudige Banken große Bestände an Wertpapieren – in diesem Fall Staatspapiere der GIPS-Länder –, die mit einer zu schmalen Eigenkapitalausstattung finanziert wurden. Abbildung 33 zeigt das Problem schematisch an der vereinfachten Bankbilanz.

ABBILDUNG 33

Staatsanleihen statt ABS – aber ansonsten das bekannte Problem …
Bank, die bei Abschreibungen auf Staatsanleihen von der Insolvenz bedroht wäre

Eigene Grafik

Nicht zufällig sieht diese Bankbilanz sehr ähnlich aus wie diejenige bei der Analyse der Bankenkrise. Statt eines Wertverlusts auf ABS drohte nun ein solcher auf Staatsanleihen, das Eigenkapital der Bank wegzufressen.

Dass dies bis anhin nicht passierte, liegt daran, dass die Regierungen der Eurozone mit massiver finanzieller Unterstützung eine Umschuldung verhinderten, um den fragilen Banken die Wertverluste auf ihren Beständen an Staatsanleihen der GIPS-Länder zu ersparen. Wir werden dies in Kapitel 11 genauer zeigen. Auf jeden Fall ist bereits hier festzuhalten, dass die Unterkapitalisierung und Risikofreude vieler Banken auch bei der europäischen Verschuldungskrise im Zentrum stehen.

Wie relevant das Problem nach wie vor ist, verdeutlichte die Zuspitzung der Krise im Herbst 2011. Vorangegangen war die erschreckende Entwicklung, dass die Finanzmärkte im Sommer ein Übergreifen der Staatsschuldenkrise auf Italien zu befürchten begannen. Die Diskussionen weiteten sich sogar auf die Frage aus, ob nicht auch Frankreich davon betroffen werden könnte. Dass die Turbulenzen die wirklich

ABBILDUNG 34

Die Fieberkurve der Bankenkrise für Europa

Risikoprämie am Euro-Geldmarkt

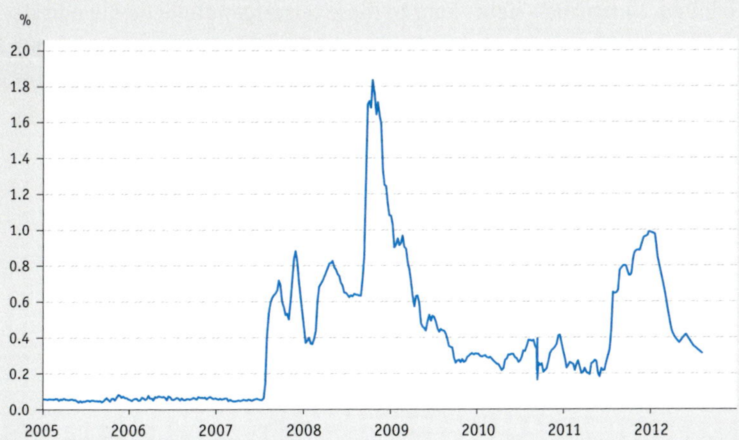

Quelle: Datasream

großen Länder der Eurozone zu erfassen begannen, kombinierte sich mit der zunehmenden Sorge, gewisse der GIPS-Länder – allen voran Griechenland – könnten einen Staatbankrott kaum mehr abwenden. Dieser ungute Cocktail ließ befürchten, den schlecht kapitalisierten europäischen Banken würden bald substanzielle zusätzliche Abschreibungen drohen, die gewisse in den Konkurs treiben könnten. Die Banken begannen sich zunehmend gegenseitig zu misstrauen. Das Ergebnis sehen wir in Abbildung 34.

Sie stellt – diesmal für die Eurozone – die bekannte Fieberkurve dar, mit der wir in Kapitel 6 die globale Bankenkrise von 2008 nachverfolgt haben. Zur Erinnerung: Die Differenz der Zinsen zwischen gedeckten und ungedeckten Krediten misst, wie weit Banken gegenseitig darauf vertrauen, dass kurzfristig Kredite auf dem Geldmarkt zurückgezahlt werden. Je tiefer diese Zinsdifferenz, desto größer ist das Vertrauen. Die Abbildung zeigt, wie die Risikoprämie insbesondere im Herbst 2011 wieder deutlich angestiegen war. Auch wenn das Niveau vom Herbst 2008 nicht erreicht wurde, weckte der Anstieg doch unerfreuliche Erinnerungen an das Vorfeld des Konkurses von Lehman Brothers. Um die Situation zu entspannen, stellte die Europäische Zentralbank den Geschäftsbanken im Dezember 2011 und im Februar 2012 insgesamt mehr als eine Billion Euro an längerfristiger Liquidität zur Verfügung. Wie man in Abbildung 34 deutlich sieht, konnte diese aussergewöhnliche Liquiditätsspritze die Situation auf dem Geldmarkt deutlich entspannen. An den Solvenzrisiken der Banken änderte sie aber nichts, sodass die Sorge um die unterkapitalisierten europäischen Banken die wirtschaftspolitische Diskussion nach wie vor dominiert.

DIE REAKTIONEN DER WIRTSCHAFTS-POLITIK

IV

9 DIE STABILISIERUNG DES BANKENSYSTEMS

- Das Liquiditätsproblem: Die Zentralbanken übernehmen den Geldmarkt
- Das Solvenzproblem: Die wichtigsten Formen der Bankenrettung

10 DIE STABILISIERUNG DER GLOBALEN WIRTSCHAFT

- Die geldpolitischen Maßnahmen in der Krise
- Die fiskalpolitischen Maßnahmen in der Krise

11 DIE BEKÄMPFUNG DER EUROPÄISCHEN SCHULDENKRISE

- Die beiden Rettungspakete von Mai 2010
- Der Schiffbruch der Fiskalregeln im Euroraum

In Kapitel 1 zeigten wir die beängstigenden Parallelen zwischen der Großen Depression und der aktuellen Krise, mit denen zwei Wirtschaftshistoriker die Blogosphäre im Frühjahr 2009 aufschreckten. Mit eindrücklichen Grafiken zeigten sie, dass die ersten neun Monate der beiden Krisen mit Blick auf wichtige Kerndaten sehr ähnlich verlaufen waren. Das große Interesse motivierte die beiden Forscher, diese Analyse in den folgenden Monaten nachzuführen. Abbildung 35 zeigt die Datenreihen der letzten Aktualisierung von März 2012.[35]

ABBILDUNG 35

Doch keine Wiederholung der Großen Depression

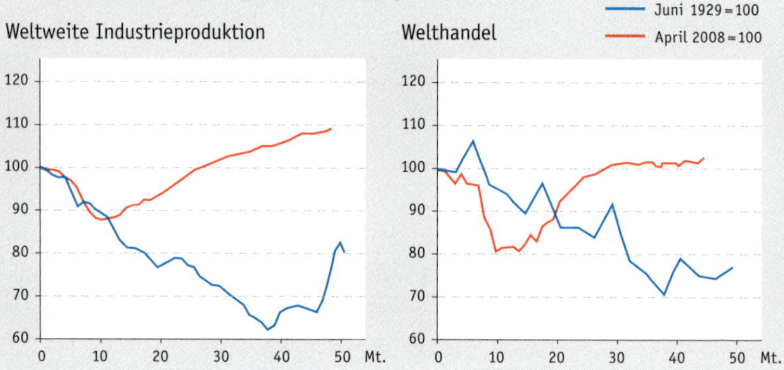

Quelle: Eichengreen und O'Rourke (2012)

Man sieht sofort, dass sich die Situation deutlich entschärft hat. Gab es für die ersten Monate noch verblüffende Parallelen zwischen den beiden Perioden, so bewegen sich im weiteren Verlauf der Krisen die entsprechenden Kurven deutlich auseinander. Während in der Großen Depression der Abstieg unvermindert heftig weiterging, erfolgte in der aktuellen Krise eine deutliche Trendwende. Zumindest aus heutiger Sicht war die aktuelle Krise zwar einschneidend, aber doch nicht mit dem Einbruch in den 1930er-Jahren zu vergleichen.

Dies zeigt neben anderen wichtigen Daten vor allem auch die Entwicklung der Arbeitslosigkeit. Sie stieg zwar in den letzten Jahren in vielen Ländern stark an und ist nach wie vor hoch, erreichte aber kaum irgendwo auch nur annähernd das erschreckende Ausmaß, das auf dem Höhepunkt der Großen Depression vielerorts zu verzeichnen gewesen war.

Der Hauptgrund für die unterschiedliche Entwicklung muss nicht lange gesucht werden. Er liegt in den deutlich unterschiedlichen wirtschaftspolitischen Reaktionen auf die beiden Krisen. Während der Großen Depression waren die Behörden sehr lange ausgesprochen passiv geblieben und hatten auf – wie wir heute wissen – entscheidende Maßnahmen verzichtet. Ganz anders diesmal: Noch nie in der Wirtschaftsgeschichte wurden in so vielen Ländern gleichzeitig derart drastische und weitreichende wirtschaftspolitische Maßnahmen so rasch umgesetzt wie in den vergangenen Jahren. Auch wenn wir heute die Nachwirkungen bei Weitem noch nicht verdaut haben, ist es doch denkbar, dass nur wegen dieser Aktionen eine zweite Große Depression vermieden werden konnte. Deshalb ist es von höchstem Interesse, die wichtigsten Elemente dieser wirtschaftspolitischen Maßnahmen nachzuzeichnen. Dabei müssen wir drei Interventionsebenen unterscheiden, die der zeitlichen Entwicklung folgen und damit die Themen der Kapitel aus Teil III wiederaufnehmen. Es sind dies erstens die Maßnahmen zur Stabilisierung der Banken, zweitens die geld- und fiskalpolitischen Maßnahmen zur Konjunkturstützung und drittens die Maßnahmen zur Eindämmung der Schuldenkrise im Euroraum. Jedem dieser drei wirtschaftspolitischen Aktionsfelder ist eines der drei folgenden Kapitel gewidmet.

9 DIE STABILISIERUNG DES BANKENSYSTEMS

Ausgangspunkt der Krise waren Vorgänge auf den Finanzmärkten, und die erste und akuteste Phase betraf die Banken, also die wichtigsten Akteure auf diesen Märkten. Dabei gab es, wie oben dargestellt, zwei zentrale Probleme. Erstens wurde die Liquidität knapp, was letztlich so weit ging, dass die Geldmärkte nach dem Konkurs von Lehman Brothers kollabierten. In diesem Kapitel analysieren wir zunächst die Maßnahmen, die von den Zentralbanken gegen diese Liquiditätskrise ergriffen wurden. Zweitens führten die Abschreibungen auf den ABS-Beständen dazu, dass zahlreiche Banken von einer Insolvenz bedroht waren. Wir zeigen deshalb in einem zweiten Schritt, mit welchen Methoden Zentralbanken und Regierungen systemrelevante Banken vor dem Konkurs zu retten versuchten.

Das Liquiditätsproblem: Die Zentralbanken übernehmen den Geldmarkt

Lender of last resort

Wir haben gesehen, dass ab Spätsommer 2007 die Funktionsweise der Geldmärkte immer stärker gestört war. Dies zeigte sich an der deutlichen Erhöhung der Risikozuschläge auf diesen üblicherweise völlig liquiden Märkten. Weil die Banken sich gegenseitig immer weniger vertrauten, mussten die Zentralbanken in zunehmendem Maß als Liquiditätsanbieter einspringen.

Zentralbanken werden wegen dieser Funktion auch als *lender of last resort*, sozusagen als letzter Rettungsanker bezeichnet. Diese Rolle spielten sie in der Vergangenheit vor allem bei drohenden *bank runs*; denn wenn viele Einleger bei vielen Banken gleichzeitig ihr Geld zurückverlangen, droht ein Kollaps des ganzen Bankensystems. Die Zentralbank kann dieses Problem lösen, indem sie die fehlende Liquidität als kurzfristige Kredite selbst zur Verfügung stellt. Genau dies war auch in dieser Krise nötig – mit dem oben beschriebenen Unterschied, dass es sich hier um eine spezielle Form des *bank runs* handelte. Ausgelöst wurden die Liquiditätsengpässe ja nicht durch Einleger, die ihr Geld zurückverlangten, sondern durch Banken, die anderen Banken die kurzfristigen Kredite nicht mehr erneuerten.

Ab Herbst 2007 begannen die Zentralbanken, in die Bresche zu springen. Die illiquiden Banken hinterlegten bei den Zentralbanken als Sicherheit Wertpapiere und erhielten dafür kurzfristige Kredite.[36] Über diesen Weg erhöhten die Zentralbanken direkt die Liquidität der Banken und damit des Systems. Vor allem in den USA funktionierte dieser Mechanismus aber zunächst nicht wunschgemäß: Die Banken scheuten den direkten Weg zur Zentralbank. Sie befürchteten, dass die Märkte dies als Zeichen werten würden, der Bank gehe es derart schlecht, dass sie nur noch auf diesem Weg zu Geld kommen könne. Dies – so war die Befürchtung – würde der Bank dann endgültig andere Finanzierungsquellen verschließen. Die US-Zentralbank fand im Dezember 2007 einen Weg, dieses Dilemma zu lösen. Anstatt das Geld direkt an einzelne Banken zu vergeben, wurde die sogenannte TAF *(term auction facility)* eingeführt. Die kurzfristigen Kredite wurden also nicht «am Schalter» vergeben, sondern anonym versteigert (deshalb *auction*). Damit mussten die Kreditnehmer ihre Identität nicht offenlegen. Auch die Europäische Zentralbank (EZB) und die Schweizerische Nationalbank (SNB) führten solche Auktionen ein.

Im Jahre 2008 wurden diese Geschäfte mit ungewöhnlicher Intensität fortgesetzt. Eine Weile schien es, als würden diese Liquiditätszuschüsse das Finanzsystem ausreichend stabilisieren können. Dies änderte sich aber mit dem Kollaps von Lehman Brothers. Funktionierte der Geldmarkt davor noch einigermaßen, so trocknete er nach diesem Ereignis völlig aus. In den Tagen nach dem Kollaps übernahmen die Zentralbanken de facto die Geldmärkte.

Staatliche Garantien des Fremdkapitals

Die Liquiditätszufuhr der Zentralbanken war sehr kurzfristiger Natur. Als die Liquiditätsprobleme vieler Banken im Laufe des Jahres 2008 aber immer akuter wurden, setzte sich die Ansicht durch, dass dies nicht genüge. Um die Liquiditätssituation der Banken längerfristig zu sichern, ging man dazu über, Fremdkapital gegen eine Risikoprämie staatlich zu garantieren. Die Regierungen setzten dies auf zwei Arten um. Erstens wurde der Schutz der Kundeneinlagen (also die schon bestehende Einlagenversicherung) ausgebaut. Damit wurden deutlich größere Einlagenbeträge für den Fall eines Konkurses der Bank staatlich gesichert. Zweitens wurde in gewissen Ländern die Aufnahme von längerfristigem Fremdkapital mit einer staatlichen Garantie begünstigt. Die Kreditgeber waren dadurch sicher, ihr Geld auch dann zurückzuerhalten, wenn die Bank zahlungsunfähig würde. Beide Methoden sind natürlich für den Staat im Ernstfall sehr teure Maßnahmen. Irland bezahlte die Garantien an seine maroden Banken beinahe mit dem Staatsbankrott und war deshalb schließlich im November 2010 auf finanzielle Unterstützung der anderen Euroländer angewiesen.

Illiquidität ist nicht das Gleiche wie Insolvenz

Die Intensivierung der Krise machte immer klarer, dass viele Banken nicht «nur» ein Liquiditätsproblem hatten, sondern akut von Insolvenz bedroht waren. Illiquide ist eine Bank dann, wenn sie kurzfristig nicht genügend flüssige Mittel hat, um alle Gläubiger auszuzahlen, die ihr Geld zurückverlangen. Das Problem einer solchen Bank ist nicht ein Mangel an Eigenkapital, sondern zu viele Posten auf ihrer Aktivseite, die sie nicht kurzfristig in Geld umwandeln kann. Das betrifft in erster Linie die Kredite, die ja langfristig vergeben werden und nicht innerhalb kurzer Frist aufgelöst oder verkauft werden können. Weniger eindeutig ist die Situation für Wertpapiere, die in aller Regel auf Märkten gehandelt und deshalb eigentlich leicht zu Geld gemacht werden könnten. Doch in einer Krisensituation, in der alle Banken gleichzeitig Liquidität benötigen, lässt der gleichzeitige Verkauf vieler Wertpapiere (sogenannte *fire sales*) deren Preise ins Bodenlose sinken – es finden sich schlicht nicht genügend Käufer für so viele Wertpapiere.[37] In einer solchen Situation übernimmt die Zentralbank als *lender of last resort* eine sehr wichtige Funktion. Sie rettet illiquide, aber eigentlich solvente Banken vor dem Untergang: Solvent bedeutet in diesem Fall, dass bei normalen Bewertungen der Aktiven das Eigenkapital positiv ist.

Hat eine Bank aber nicht genügend Eigenkapital, um Verluste zu verkraften, also eine entsprechende Abschreibung auf ihren Aktiven vornehmen zu können, dann ist die Sachlage eine andere. Eine solche Bank, die mehr Schulden als Vermögen aufweist, ist insolvent und sollte in Konkurs gehen.[38] Im nächsten Abschnitt werden wir sehen, dass in der Finanzkrise aber auch zahlreiche Banken gerettet wurden, die ein Solvenzproblem hatten, also eigentlich hätten bankrottgehen sollen. Das Risiko vieler derartiger Bankrotts wurde aber als zu groß erachtet, weil der Konkurs so vieler Banken möglicherweise das gesamte Finanzsystems mit in den Abgrund gerissen hätte.

Das Solvenzproblem: Die wichtigsten Formen der Bankenrettung

In der Finanzkrise war der Einbruch der ABS-Preise so stark, dass viele Banken effektiv insolvent waren. Abbildung 36 zeigt dies schematisch auf; das Eigenkapital reichte nicht, um die Verluste auf den Beständen an ABS aufzufangen.

Ist ein Unternehmen insolvent, verliert es in einer Marktwirtschaft seine Existenzberechtigung. Es ist für das Funktionieren des Systems wichtig, dass die Möglichkeit eines Konkurses besteht, dass also gescheiterte Geschäftsideen nicht weitergeführt werden. Eine insolvente Bank,

ABBILDUNG 36

Alles andere als die vermeintlich risikolosen Anlagen

Wegen Abschreibungen auf den ABS insolvente Bank

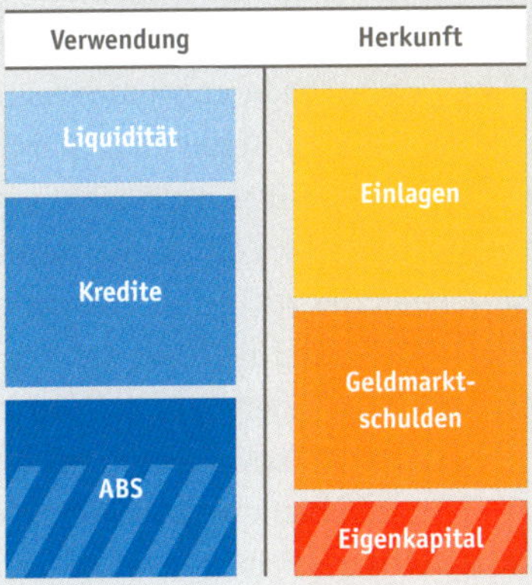

Eigene Grafik

die weiterhin operativ bleibt, kann nämlich große volkswirtschaftliche Schäden anrichten. Denn sie hat einen starken Anreiz, mit den Kundengeldern hoch riskante Geschäfte zu tätigen. Sind diese erfolgreich, so müssen die Aktionäre doch nicht ihr gesamtes Geld abschreiben, ergeben sich aber Verluste, so muss die Allgemeinheit dafür geradestehen. Solche «Zombie-Banken» haben also stark verzerrte Anreize, die zu volkswirtschaftlich sehr ineffizienten Geschäften verführen.

Wieso werden große Banken vor dem Konkurs gerettet?

In dieser Krise hat sich gezeigt, dass für große Banken die Spielregeln offensichtlich andere sind. In vielen Ländern griffen Regierung und Zentralbank mit substanziellen Summen ein, um Großbanken, die sich verspekuliert hatten und deshalb auf ihrem Vermögen bedeutende Abschreibungen vornehmen mussten, vor dem Untergang zu retten. Das Argument für dieses Vorgehen war, dass diese Banken *too big to fail*, also zu groß zum Scheitern seien. Die Auswirkungen eines Konkurses auf den Rest der Volkswirtschaft wurden als so gravierend eingeschätzt, dass der ordnungspolitische Sündenfall «Rettung durch den Staat» in Kauf genommen wurde. Es sind vor allem zwei Mechanismen, die das unkontrollierte Scheitern einer Großbank so gefährlich machen, nämlich erstens ihre Rolle beim Zahlungsverkehr und zweitens ihre Verflechtung mit anderen Banken über die Geldmärkte.

Zahlungsverkehr: In einer komplexen, arbeitsteiligen Wirtschaft werden jeden Tag unzählige Zahlungen getätigt. Sie werden meistens über Banken abgewickelt, bei denen Zahler und Empfänger Konti halten. Geht eine große Bank unkontrolliert in Konkurs, so kann ein wichtiger Teil dieser Zahlungen für eine gewisse Zeit nicht mehr geleistet werden. Das bringt eine Wirtschaft in kürzester Zeit an den Rand ihrer Funktionsfähigkeit. Um sich eine Vorstellung von den Größenordnungen zu machen: Die Schweizer Großbank UBS unterhielt vor der Krise über 3 Millionen Konti und hatte Geschäftsbeziehungen mit 130 000 kleinen oder mittelgroßen Schweizer Unternehmen. Zudem wurde ein Viertel der Schweizer Lohnzahlungen über diese Großbank abgewickelt. Man kann sich leicht das Chaos in der Schweizer Wirtschaft vorstellen, würden diese Leistungen plötzlich wegfallen, weil die Bank nicht mehr zahlungsfähig ist.

Verflechtung und die Gefahr von Kettenreaktionen: Bei der Analyse der vereinfachten Bankbilanz haben wir gesehen, dass ein Teil der Finanzierung über die meist kurzfristige Verschuldung bei anderen Banken läuft. Das zunehmende Versiegen dieser Finanzierungsquelle über den Geldmarkt kennzeichnete ja die erste Phase der Krise. Wenn eine Bank einer anderen Kredit gewährt, erhält sie von dieser einen Schuldschein, ein sogenanntes *commercial paper*. Es ist also für jede Bank, die auf der Passivseite die Verschuldung erhöht, eine andere Bank nötig, die auf der Aktivseite den Bestand an solchen *commercial papers* ebenfalls erhöht. Geht nun die Bank, die das *commercial paper* ausgestellt hat, in Konkurs, muss die Gläubigerbank das Wertpapier abschreiben und somit in der Regel ihr Eigenkapital reduzieren. Betrifft der Konkurs eine Großbank mit sehr vielen solchen Schulden, können diese Abschreibungen für die Gläubigerbanken rasch existenzbedrohend werden. Gehen die Gläubigerbanken deswegen ebenfalls in Konkurs, so reißen sie über den gleichen Mechanismus oft weitere Banken mit in den Abgrund. Die gegenseitige Verschuldung der Banken, die eigentlich für das gute Funktionieren des Finanzsystems essenziell ist, kann dann in eine fatale Abwärtsspirale führen. Dies zu verhindern, ist einer der wichtigsten Gründe, weshalb Großbanken vor dem Konkurs gerettet werden. Die starke Verflechtung macht sie *too big to fail*.

Es gibt zwei Möglichkeiten, um eine Bank vor dem Konkurs zu retten: Entweder schießt der Staat auf der Passivseite der Bilanz zusätzliches Eigenkapital ein, oder er übernimmt die von der Abschreibung bedrohten Vermögenswerte auf der Aktivseite der Bilanz. Beide Methoden wollen wir kurz diskutieren:

Der Einschuss von Eigenkapital (Beteiligung oder Verstaatlichung)

Die erste Möglichkeit ist die Aufstockung des Eigenkapitals. Finden sich keine privaten Kapitalgeber mehr, so kann der Staat einspringen.

Die Solvenzprobleme der Banken während der Finanzkrise resultierten aus der Tatsache, dass die ABS zum Zeitpunkt der Bilanzerstellung praktisch unverkäuflich waren; ihr Marktwert war daher sehr tief. Wegen der Bilanzierungsregeln *(mark to market)* ist die Bank gezwungen, diesen aktuellen, sehr tiefen Marktwert in der Bilanz auszuweisen.[39] Das Eigenkapital der Bank reicht aber wegen der starken Verschuldung nicht aus, diese Abschreibung aufzufangen, und wird damit negativ. Gelingt es der Bank nicht, zusätzliches Eigenkapital aufzutreiben, so müsste sie ihr Geschäft einstellen. Will der Staat dies vermeiden, so besteht die einfachste Möglichkeit darin, das Eigenkapital aufzustocken. Der Staat beteiligt sich also als Eigentümer an der Bank und schießt Mittel ein.

Das zusätzliche staatliche Geld fängt die Verluste auf und macht die Bank dadurch wieder solvent; das heißt, die Aktiva reichen dann aus, um das Fremdkapital zu decken, womit das Eigenkapital wieder positiv wird.

Selbst nach dieser Transaktion bleibt die Bank meist immer noch verletzlich, da schon kleine weitere Verluste auf den anderen Aktiven sie rasch wieder in die Insolvenz treiben können. In einigen Fällen ging der Staat während der Krise so weit, sich nicht nur am Eigenkapital der Bank zu beteiligen, sondern die insolvente Bank gleich vollständig zu übernehmen. Ziel solcher Verstaatlichungen war es, den Banken auf geordnetem Weg wieder zu dauerhafter Solvenz zu verhelfen und sie danach wieder zu privatisieren.

Die Auslagerung von Aktiven (bad bank)

Die zweite Möglichkeit, eine von der Insolvenz bedrohte Bank zu retten, stellt die Entfernung der problematischen Wertpapiere aus der Bilanz dar. Dazu kauft der Staat der Bank diese Papiere ab und zahlt ihr dafür einen Preis, der höher ist als der aktuelle, sehr tiefe Marktpreis. Die Position «ABS» verschwindet dadurch aus den Aktiven der Bankbilanz, während sich die Position «Liquidität» um den Kaufpreis erhöht. Dank dieser Zunahme der Aktiven verfügt die Bank wieder über genügend Vermögen, um das Fremdkapital bedienen zu können.

Ebenso wie bei der Bereitstellung von zusätzlichem Eigenkapital handelt es sich bei dieser Lösung um eine massive staatliche Subvention der Bank. Allerdings gilt es anzumerken, dass der tatsächliche, längerfristige Wert der ABS kaum so tief sein wird wie mitten in der Krise. Hinter diesen Wertpapieren stecken Immobilien und damit reale Werte, die längerfristig höher sein dürften. Wegen der Marktturbulenzen mag das Papier im Moment kaum verkäuflich sein, nach einer Beruhigung der Situation aber wird es in den meisten Fällen einen positiven Wert aufweisen. Im Gegensatz zur von der Insolvenz bedrohten Bank kann es sich der Staat aber leisten abzuwarten. Damit muss die Übernahme der problematischen Wertpapiere für den Staat langfristig nicht unbedingt einen Verlust bedeuten. Dennoch bleibt die sehr große Schwierigkeit, den «richtigen» Preis für den Kauf der ABS zu bestimmen.

Zur Bewirtschaftung der schlechten Papiere gründet der Staat eine eigene Gesellschaft, die man als *bad bank* bezeichnet. Aufgabe dieser Organisation ist es, die Wertpapiere mittelfristig – nachdem sich die Lage beruhigt hat – zu einem möglichst hohen Preis zu verkaufen. Erst nach Abwicklung dieser Transaktionen lässt sich abschätzen, wie teuer die Rettung der Bank für die Steuerzahler tatsächlich war.

Die Rettung der Schweizer Großbank UBS als Fallbeispiel

Die global tätige schweizerische Großbank UBS hatte kurz vor der Krise über ihre US-amerikanische Tochtergesellschaft sehr stark in zweifelhafte ABS investiert. Nach Ausbruch der Krise kam es deshalb rasch zu bedeutenden Abschreibungen, die das Eigenkapital der stark verschuldeten Bank zunehmend aufzehrten. Zunächst gelang es noch, zusätzliches Eigenkapital von asiatischen Investoren zu beschaffen, was die Bank Anfang 2008 vorübergehend aus der ärgsten Schieflage zu befreien schien. Im Herbst 2008 zeigte sich aber immer deutlicher, dass der Bestand an «vergifteten» Wertpapieren so groß war, dass die Bank in ihrer Existenz bedroht war. Dies führte zu massiven Geldabflüssen verunsicherter Kundinnen und Kunden. Die UBS hatte immer größere Mühe, auf dem Markt genügend Mittel zu beschaffen, um ihre Geschäfte weiterzuführen. Im Oktober 2008 wurde die Lage so dramatisch, dass sich die Behörden zu einer außerordentlichen Aktion entschlossen, um die Bank zu retten. Die Risiken für die Schweizer Volkswirtschaft waren so groß, dass der Schritt als unvermeidlich eingeschätzt wurde.

Bei dieser Rettungsaktion kamen beide im Text beschriebenen Methoden zur Anwendung. Es wurde einerseits Eigenkapital eingeschossen, und andererseits wurde ein großer Teil der unverkäuflichen ABS in eine *bad bank* transferiert und damit aus der Bilanz der UBS entfernt. Zusätzliches Kapital stellte der Staat zur Verfügung, indem er der Bank ein Darlehen von 6 Milliarden Franken gewährte, das er später in Aktien – also in Eigenkapital – umwandeln konnte. Damit wurde die Passivseite der Bilanz gestärkt. Gleichzeitig intervenierte die Schweizerische Nationalbank (SNB) auf der Aktivseite, indem sie von der UBS «vergiftete» Wertpapiere in der Höhe von 38,7 Milliarden US-Dollar übernahm und in eine eigens dafür gegründete Zweckgesellschaft überführte. Die Aktivseite der UBS wurde damit deutlich gestärkt, weil statt der zu diesem Zeitpunkt unverkäuflichen ABS neu zusätzliche flüssige Mittel in der Bilanz erschienen. Teil der Aktion war die Verpflichtung der UBS, in die *bad bank* als Puffer für die ersten Verluste 10 Prozent der Gesamtsumme, also 3,87 Milliarden US-Dollar, einzuzahlen. Das Verlustrisiko insgesamt war aber natürlich wesentlich höher, weshalb die gesamte Aktion die Bilanz der UBS deutlich stärkte.

Die Risiken aus den schlechten Wertpapieren wurden somit an die SNB transferiert. Die Überlegung dahinter war, dass die SNB – im Gegensatz zur UBS während der Krise – Zeit hat, die Papiere vorerst zu behalten und erst dann zu verkaufen, wenn sich die Märkte wieder beruhigt haben. Zumindest ein Teil der ABS sollte zu einem späteren Zeitpunkt wieder verkäuflich sein, der Verlust daher kleiner ausfallen als die ursprünglich einbezahlte Summe. Inzwischen konnte die SNB tatsächlich einen Teil der Papiere abstoßen, sodass sich die Verlustposition reduziert hat. Der Staat konnte seine Beteiligung inzwischen verkaufen, sodass für die öffentlichen Haushalte keine direkten Kosten aus der Aktion resultierten. Indirekt wird er aber wohl doch getroffen, weil die am Schluss verbleibenden Verluste aus der *bad bank* von der SNB getragen werden. Dies reduziert ihre Gewinne und damit die längerfristige Auszahlung derselben an die Staatskasse. Aber unabhängig davon, ob am Ende Verluste zu verzeichnen sein werden, bleibt festzuhalten, dass die Maßnahme zum Zeitpunkt des Entscheids mit sehr großen Risiken verbunden war. Das sieht man daran, dass die UBS die notwendigen Mittel nicht privat beschaffen konnte. Die ganze Aktion stellte also – selbst wenn sie schließlich keinen einzigen Steuerfranken kosten sollte – eine substanzielle staatliche Subvention an die Großbank dar.

10 DIE STABILISIERUNG DER GLOBALEN WIRTSCHAFT[40]

Wie wir aus Teil III wissen, blieb die Krise nicht auf die Finanzmärkte beschränkt. Im Verlauf des Jahres 2008 und dann insbesondere nach dem Kollaps von Lehman Brothers im September desselben Jahres wurde auch die reale Wirtschaft außerordentlich stark in Mitleidenschaft gezogen. Die Prognosen sahen im Winterhalbjahr 2008/2009 sehr unerfreulich aus, ein massiver Einbruch der globalen Wirtschaftsleistung wurde befürchtet. Entsprechend waren die darauffolgenden wirtschaftspolitischen Maßnahmen zur Stabilisierung der Realwirtschaft ebenso spektakulär und weitreichend wie die Maßnahmen zur Stabilisierung der Finanzmärkte.

In der Regel entstehen konjunkturelle Einbrüche – wir haben dies in Kapitel 7 erläutert – durch einen Rückgang der gesamtwirtschaftlichen Nachfrage. Im Zentrum der Analyse der Kriseneffekte auf die Realwirtschaft standen deshalb die einzelnen Komponenten dieser Nachfrage – Konsum, Investitionen und Nettoexporte, und die wirtschaftspolitischen Maßnahmen konzentrierten sich darauf, diese Komponenten zu stützen. Dazu stehen die beiden klassischen wirtschaftspolitischen Instrumente für die Beeinflussung der Nachfrage zur Verfügung: die Geldpolitik und die Fiskalpolitik.

Wir werden in der Folge – unterteilt in diese beiden Ansätze – die wirtschaftspolitischen Maßnahmen als Reaktion auf die Krise beschreiben. Dabei werden zuerst die grundsätzlichen ökonomischen Mechanismen von Geld- und Fiskalpolitik erläutert, bevor wir die wichtigsten Instrumente diskutieren.

Die geldpolitischen Maßnahmen in der Krise

Wie mithilfe der Geldpolitik die Wirtschaft stabilisiert werden kann

Die Geldpolitik wirkt vor allem auf zwei Komponenten der gesamtwirtschaftlichen Nachfrage ein, auf die Investitionen und auf die Nettoexporte.

Die Investitionen werden stimuliert, wenn die Zentralbank eine expansive Geldpolitik betreibt. Eine Ausweitung der Geldmenge sorgt dafür, dass Geld in der Wirtschaft weniger knapp wird und der Preis der Geldaufnahme – der Zins – dadurch fällt. Sinkende Zinsen verbilligen die Finanzierung der Unternehmen, womit sich für sie der Anreiz erhöht, Investitionen zu tätigen.

Eine Ausweitung der Geldmenge beeinflusst aber neben dem Zinssatz auch einen zweiten gesamtwirtschaftlich relevanten Preis, nämlich den Wechselkurs. Erhöht sich die Menge des inländischen Geldes und bleibt die Menge ausländischen Geldes konstant, so wird das inländische Geld im internationalen Vergleich weniger knapp. Weil reichlicher vorhanden, verliert die inländische Währung dadurch an Wert, sie wertet sich also gegenüber anderen Währungen ab. Dadurch werden die inländischen Produkte im Ausland billiger – Ausländer brauchen weniger inländisches Geld, um sich unsere Produkte zu kaufen –, was die Exporte stimuliert. Gleichzeitig werden ausländische Produkte im Inland teurer (weil wir mehr inländisches Geld benötigen, um uns ausländisches Geld zu kaufen), womit die Importe zurückgehen. Beides führt dazu, dass sich die Nachfrage nach im Inland produzierten Produkten erhöht: weil weniger importiert und mehr exportiert wird, erhöhen sich die Nettoexporte (Exporte minus Importe). Damit steigt durch die expansive Geldpolitik – neben den Investitionen – eine zweite wichtige Komponente der gesamtwirtschaftlichen Nachfrage an.

In einer Rezession, die ja durch eine zu geringe gesamtwirtschaftliche Nachfrage entsteht, kann also eine expansive Geldpolitik stabilisierend wirken, weil die gesamtwirtschaftliche Nachfrage dadurch weniger stark zurückgeht. In der Praxis ist es allerdings alles andere als einfach, den richtigen Zeitpunkt und die richtige Dosierung für eine Ausweitung der Geldmenge zu finden.

Das primäre Ziel der Geldpolitik ist ohnehin nicht die Konjunkturstabilisierung, sondern die Erhaltung der Preisstabilität. In einer Rezession aber ist die gesamtwirtschaftliche Nachfrage so gering, dass kaum Inflationsdruck besteht. Das bedeutet, dass die Geldpolitik ohne große Inflationsrisiken expansiv sein und so die Konjunktur stützen kann; dies umso mehr, als die Garantie von Preisstabilität auch die Vermeidung der gefürchteten Deflation – also fallender Preise – umfasst.

Zinssenkungen: Konventionelle Geldpolitik in der Krise
Vor dem Hintergrund solcher Überlegungen reagierten die Zentralbanken rasch auf das Überschwappen der Finanzkrise auf die Realwirtschaft. Nach dem Kollaps von Lehman Brothers wurde die Geldpolitik sofort ausgesprochen expansiv. Wir sehen dies in Abbildung 37.

ABBILDUNG 37

Die Geldschleusen werden weit geöffnet
Geldpolitische Leitzinsen in Prozent, Tageswerte

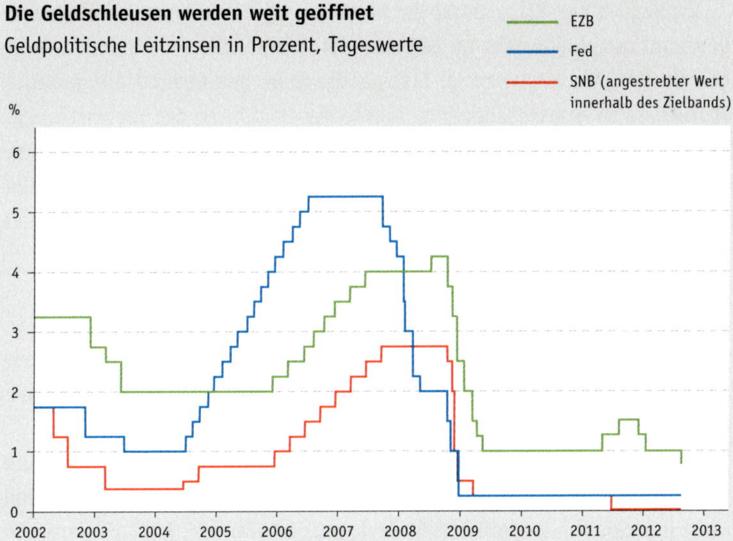

Quelle: Europäische Zentralbank (EZB), Federal Reserve, Schweizerische Nationalbank (SNB)

Da die USA schon sehr früh die Auswirkungen der Krise zu spüren bekamen, setzten die Zinssenkungen dort bereits Ende 2007 ein. Die US-Zentralbank senkte den Leitzins von ursprünglich über 5 Prozent in raschen und zum Teil großen Schritten zunächst auf 2 und dann bis auf fast null Prozent. Auf diesem Niveau verharrt er seither. Aber auch die anderen Zentralbanken begannen im Laufe des Jahres 2008 mit deutlichen Zinssenkungen.

Am 8. Oktober 2008 kam es gar zum ersten Mal in der jüngeren Geschichte zu einer gemeinsamen, orchestrierten Zinssenkung der führenden Zentralbanken. Weil die Einbrüche des Handels und des BIP in diesem Herbst weit stärker waren als von allen Prognosen vorausgesagt, wurden danach in rascher Folge die Leitzinsen weiter gesenkt. Schon im ersten Quartal lagen sie in den meisten wichtigen Ländern bei fast null Prozent. Das entspricht einer extrem expansiven Geldpolitik, bedeutet es doch, dass die Banken bei der Zentralbank Geld beinahe gratis aufnehmen können.

Zu Beginn der Krise stand die oben angesprochene Liquiditätsversorgung auf dem Geldmarkt im Zentrum der Geldpolitik und zunächst weniger die Konjunkturstützung. Erst als die Krise zunehmend die gesamte Wirtschaft zu erfassen begann, rückte die Dämpfung des realwirtschaftlichen Einbruchs zunehmend in den Fokus. Allerdings – und darauf kommen wir im nächsten Abschnitt – zeigte sich, dass die konventionelle geldpolitische Munition beim Beginn der Rezession schon weitgehend verschossen war.

Die Grenzen der Zinssenkungen

Trotz (oder auch wegen) dieser extrem aggressiven Zinssenkungen zeigten sich rasch zwei Probleme, welche die Effektivität einer geldpolitischen Stützung der Realwirtschaft infrage stellten.

Erstens wurden die Effekte der konventionellen Geldpolitik durch die außergewöhnlichen Störungen auf den Finanzmärkten begrenzt. Weil viele Banken sich in großen Schwierigkeiten befanden, kam die Senkung der Zinskosten kaum bei den investierenden Unternehmen an. Zwar reduzierten die tieferen Zinsen die Finanzierungskosten für die Banken, aber gleichzeitig begannen diese – vor dem Hintergrund der ausgeprägten Liquiditätsverknappung mehr als verständlich –, bei der Kreditvergabe äußerst vorsichtig zu agieren. Sie behielten die Mittel lieber flüssig. Die Bedingungen, die von Investitionsprojekten zu erfüllen waren, um eine Finanzierung zu erhalten, wurden zum Teil deutlich verschärft. Dies belastete die Konjunktur nachhaltig.

Zweitens – und grundsätzlicher – gibt es das Problem der Nullzinsgrenze. Es besteht darin, dass (nominale) Zinssätze nicht negativ werden können. Niemand würde sein Geld bei einer Bank anlegen, wenn er einen Zins für die Aufbewahrung zahlen müsste; nichts anderes aber würden negative Zinssätze bedeuten. In einer solchen Situation wäre es klüger, das Geld in bar zu halten und unter das sprichwörtliche Kopfkissen zu legen. Damit aber besteht eine natürliche Grenze für die traditionelle Geldpolitik über Zinssenkungen.[41] Zu Beginn des Jahres 2009 lagen die Zinssätze in vielen Ländern bereits an oder sehr nahe bei dieser Untergrenze. Weil sich die Wirtschaftslage aber weiterhin drastisch verschlechterte, wurde der stimulierende Impuls, den diese – nach herkömmlichem Maßstab – sehr expansive Geldpolitik setzen konnte, eindeutig als ungenügend eingeschätzt.

Unkonventionelle Geldpolitik

Die Probleme der Zinsuntergrenze von null Prozent waren in der ökonomischen Literatur zu Beginn des vergangenen Jahrzehnts intensiv diskutiert worden, vor allem wegen der lang anhaltenden Deflation Japans in den 1990er-Jahren. Die japanische Geldpolitik hatte den Leitzins damals schon bald auf fast null Prozent gesenkt – dennoch wurde kaum investiert, die Wirtschaft verharrte in einer jahrelangen Rezession. Ben Bernanke führte in seiner in Kapitel 3 bereits erwähnten Rede zu den Gefahren der Deflation im Jahre 2002 – gemünzt auf die Situation Japans – verschiedene denkbare geldpolitische Gegenmaßnahmen an. Er hätte sich zum Zeitpunkt seiner Rede wohl kaum vorstellen können, einige Jahre später als Fed-Chef gezwungen zu sein, einen großen Teil dieser bisher in der Praxis kaum geprüften Instrumente in den USA erproben zu müssen.

Die traditionelle Geldpolitik verfolgt ihr angekündigtes Zinsziel, indem sie – vereinfacht ausgedrückt – kurzfristige Wertpapiere auf den Geldmärkten kauft und verkauft. Ein Kauf weitet die Geldmenge aus und reduziert damit den kurzfristigen Zinssatz, bei einem Verkauf ist es gerade umgekehrt. Wichtig ist, dass es sich hier im Normalfall um sehr kurzfristige Geschäfte handelt. Die Zentralbanken müssen die Geschäfte also laufend erneuern, um die Geldmenge und damit die kurzfristigen Zinssätze auf der gewünschten Höhe zu halten.

Die unkonventionelle Geldpolitik bestand nun im Wesentlichen im Versuch, nicht nur die kurzfristigen, sondern auch die längerfristigen Zinsen zu senken. Die Zentralbanken kauften also Wertpapiere mit längerer Lauffrist, um auch die langfristigen Zinsen nach unten zu drücken und damit die wegen der Bankenkrise schleppende längerfristige Kreditvergabe zu stimulieren. Das mit dem primären Ziel, die Investitionstätigkeit zu stärken. Eine Variante der unkonventionellen Geldpolitik war zudem der Kauf von ausländischen Wertpapieren, womit zugunsten der Nettoexporte eine Abwertung der eigenen Währung angestrebt wurde.[42]

Die in dieser Krise praktizierte Kombination von traditionellen und unkonventionellen geldpolitischen Geschäften hat zwar dazu beigetragen, die Gesamtwirtschaft erfolgreich zu stützen. Gleichzeitig hat sie aber die Bilanzen der wichtigsten Zentralbanken in bisher ungekanntem Maß verlängert. Um die Geldmenge stark auszudehnen, kauften sie ja in sehr großem Stil kurz- und langfristige Wertpapiere sowie Devisen (Verlängerung der Aktivseite) und bezahlten dies mit neuem Geld (Verlängerung der Passivseite). Die geordnete Rückführung der Bilanzen der Zentralbanken auf ein normales Niveau wird – wie wir noch erläutern werden – zu den größten wirtschaftspolitischen Herausforderungen in naher Zukunft gehören. Man befindet sich hier auf bisher wenig erforschtem Terrain.

Die fiskalpolitischen Maßnahmen in der Krise

Wie mithilfe der Fiskalpolitik die Wirtschaft stabilisiert werden kann

Die Staatsfinanzen sind neben der Geldpolitik der zweite wirtschaftspolitische Ansatzpunkt für eine aktive konjunkturelle Stabilisierung. Dabei kann sowohl bei den Staatsausgaben als auch bei den Staatseinnahmen angesetzt werden.

Den direktesten Weg stellt eine Erhöhung der Staatsausgaben dar. Kauft der Staat mehr Güter und Dienstleistungen ein, so ist dies ein direkter Beitrag zur Stützung der Konjunktur. Egal, ob er Konsumgüter oder Investitionsgüter kauft, die in einer Rezession schwache gesamtwirtschaftliche Nachfrage wird dadurch gestärkt.

Etwas indirekter ist der Weg über die Staatseinnahmen. Die Idee ist dabei die Folgende: Senkt der Staat in einer Rezession die Steuern oder andere Abgaben, bleibt mehr Einkommen bei den Haushalten. Zumindest ein Teil dieses zusätzlichen Einkommens wird ausgegeben, womit die Konsumnachfrage steigt. Ähnlich ist der Effekt, wenn die Unternehmenssteuern gesenkt werden. Die zusätzlichen Mittel werden die Unternehmen zumindest zum Teil für Investitionen verwenden, womit die Investitionsnachfrage gestärkt wird.

Beide Formen der fiskalpolitischen Konjunkturstützung haben den gleichen Effekt auf den Staatshaushalt. Sowohl tiefere Steuereinnahmen als auch höhere Staatsausgaben verschlechtern die Budgetsituation. Sie müssen über zusätzliche Staatsverschuldung finanziert werden.

Eine Herausforderung bei jeder konjunkturpolitischen Maßnahme ist das Timing. Damit sie wirklich rezessionsmildernd wirkt, muss sie so rasch wie möglich umgesetzt werden; denn wenn sie verzögert wirkt, beispielsweise erst im darauffolgenden Aufschwung, ist ihr Effekt kontraproduktiv. Der politische Prozess in Demokratien ist aber in der Regel wenig geeignet, sehr rasch weitreichende Entscheide zu treffen. Dieses Dilemma wird dadurch gelöst, dass die Fiskalpolitik weitestmöglich so ausgestaltet wird, dass über den staatlichen Haushalt in einer Rezession ohne politische Entscheidungen automatisch die Nachfrage gestärkt wird; dies leisten die sogenannten automatischen Stabilisatoren.[43] Besonders geeignet sind hier Budgetregeln, nach denen der staatliche Haushalt nicht zu jedem Zeitpunkt ausgeglichen sein muss, sondern nur über einen längeren Konjunkturzyklus hinweg. Müsste das Budget jedes Jahr ausgeglichen werden, müsste der Staat bei schlechterer Wirtschaftslage und folglich sinkenden Steuereinnahmen die Ausgaben reduzieren, was die Nachfrage zusätzlich schwächen würde. Eine sinnvolle Budgetregel lässt aber zu, dass in der Rezession Schulden gemacht werden, die dann mit Überschüssen in der Hochkonjunktur wieder kompensiert werden müssen. Durch eine derartige Regel stabilisieren die Staatsausgaben und Staatseinnahmen die Wirtschaft automatisch, weshalb viele Länder in den letzten Jahren solche Regeln forciert haben. Dabei besteht die Schwierigkeit darin, dass es politisch schwer zu vertreten ist, in guten Zeiten genügend Überschüsse zu erzielen, um die Defizite der Rezessionen zu kompensieren. Eine Budgetregel sollte deshalb wenn immer möglich institutionell sehr stark verankert werden, am besten auf Verfassungsebene.

Die außergewöhnlichen Stimulierungspakete in der Krise

Angesichts des besonders tiefen Einbruchs setzte sich in vielen Ländern die Auffassung durch, dass die automatischen Stabilisatoren den Nachfrageinbruch nicht ausreichend würden dämpfen können. Da es sich nicht um eine «normale» Rezession handle, seien außergewöhnliche Maßnahmen nötig. Regierungen und Parlamente schnürten deshalb fiskalpolitische Stimulierungspakete.[44]

Die Maßnahmen in den Stimulierungspaketen umfassten dabei sowohl Staatsausgaben als auch Steuereinnahmen. Sie reichten von zusätzlichen Ausgaben für Straße oder Schiene bis zu Abwrackprämien für Autos, von temporären Subventionen für erneuerbare Energien bis zu Senkungen der Einkommenssteuern. In den USA wurden gar Schecks an die Haushalte verschickt, um deren Konsum kurzfristig zu verstärken.

Diese Pakete erreichten eindrückliche Größenordnungen. Für die Jahre 2009 und 2010 wurden etwa in den USA Stimulierungsmaßnahmen in der Höhe von mehr als 5 Prozent des BIP beschlossen. Diese zusätzlichen Ausgaben bei einem ohnehin schon defizitären Haushalt ließen das Budgetdefizit 2010 auf sehr hohe 10 Prozent des BIP anwachsen. Zum Vergleich: Der Stabilitäts- und Wachstumspakt erlaubt Mitgliedern des Euroraums ein maximales Defizit von 3 Prozent. Da auch in den meisten EU-Ländern ungewöhnlich große Pakete beschlossen wurden, wurde diese Fiskalregel 2009 und 2010 von beinahe allen Mitgliedsländern verletzt. Mit dem Ausbruch der Schuldenkrise im Euroraum haben sich diese Probleme inzwischen noch stark verschärft. Wir wenden uns jetzt der wirtschaftspolitischen Bekämpfung dieses weiteren Krisenherds zu.

11 DIE BEKÄMPFUNG DER EUROPÄISCHEN SCHULDENKRISE

Anfang Mai 2010 zwang die Verschärfung der europäischen Schuldenkrise und ihre Rückwirkungen auf die Finanzmärkte die Regierungen des Euroraums zu einer folgenschweren Entscheidung. Hintergrund war die Tatsache, dass die Zinsen auf griechischen Staatsanleihen wegen der Risiken auf über 10 Prozent angestiegen waren. Zudem war Griechenland gezwungen, noch im laufenden Jahr rund 54 Milliarden Euro aufzunehmen – davon 20 Milliarden bis Ende Mai –, um seinen Verpflichtungen nachzukommen. Die Nervosität auf den Finanzmärkten ließ ernsthafte Zweifel aufkommen, ob selbst bei diesen schon sehr hohen Zinsen Anleger bereit sein würden, das Risiko auf sich zu nehmen. Mit anderen Worten: Griechenland stand vor dem Staatsbankrott. Gleichzeitig begannen die Zinsaufschläge auf den Anleihen von Spanien, Portugal und Irland – den anderen GIPS-Ländern – noch einmal drastisch anzusteigen.

Die in kürzester Zeit zu fällende Entscheidung war, ob die Eurostaaten bei Griechenland (und womöglich anderen GIPS-Ländern) eine Umschuldung akzeptieren sollten oder nicht. Die Risiken einer allfälligen zweiten Finanzkrise vor Augen, entschied man sich dagegen. In zwei Schritten stellte man Griechenland und kurz darauf den anderen Ländern Gelder zur Verfügung, die sie von der unmittelbaren Konkursgefahr befreiten. Damit gab es einen sogenannten *bailout*, also eine finanzielle Unterstützung der verschuldeten Staaten. Im November 2010 folgte ein Rettungspaket für Irland, im April 2011 eines für Portugal.

Folgenschwer waren diese Entscheidungen, weil das Verbot solcher Unterstützungen (die sogenannte No-Bailout-Regel) einen der institutionellen Pfeiler der Europäischen Währungsunion (EWU) darstellte. Das Risiko, dass in der aufgeheizten Situation eine unkontrollierte Bankenpanik entstehen könnte, wurde also als so groß angesehen, dass eherne Prinzipien über Bord geworfen wurden. Wir beschreiben im Folgenden zuerst die Elemente dieser Rettungspakete und erläutern dann, wieso dieser Schritt alle fiskalpolitischen Regeln des Euroraums verletzte.

Die beiden Rettungspakete von Mai 2010

Die ersten beiden Wochen des Mai 2010 dürften als eine der turbulentesten Perioden in die Geschichte der EU eingehen. Um der rasch um sich greifenden Panik Herr zu werden, schnürten die Mitgliedsländer der Eurozone zusammen mit dem Internationalen Währungsfonds (IWF) an zwei aufeinanderfolgenden Wochenenden zwei Rettungspakete, wobei das zweite noch wesentlich weiter ging.

Es begann am 2. Mai mit einem Unterstützungsprogramm für Griechenland. Um den drohenden Staatsbankrott abzuwenden, wurden dem Land Kreditlinien von insgesamt 110 Milliarden Euro zugesichert, wobei 80 Milliarden von den Mitgliedsländern der Eurozone kamen, der Rest vom IWF. Als Gegenleistung erklärte sich Griechenland bereit, innerhalb weniger Jahre mit tief greifenden Maßnahmen eine drastische Verbesserung des Staatshaushaltes herbeizuführen.

Die Hoffnung, dass mit dieser Rettungsaktion für Griechenland ein Übergreifen der Probleme auf die anderen GIPS-Länder verhindert werden könne, währte nur kurz. Es handelte sich zu diesem Zeitpunkt schon nicht mehr um ein rein griechisches Problem. Auch die anderen drei Länder hatten zunehmend Schwierigkeiten, ihre Verschuldung über die Kapitalmärkte zu finanzieren. Die Anleger waren immer weniger bereit, dieses Risiko einzugehen. Entsprechend begannen Staatsbankrotte auch für Portugal, Irland und Spanien in den Bereich des Möglichen zu rücken; angesichts der Größe von Spanien und dessen Verschuldung war dies ein wahrlich bedrohliches Szenario.

Am zweiten Maiwochenende wurde deshalb in aller Eile ein Rettungsschirm aufgespannt, der durch seine schiere Größe die Märkte in den kommenden Wochen und Monaten beruhigen konnte. Insgesamt war es die schwindelerregende Summe von 750 Milliarden Euro, die zur Verfügung gestellt werden sollte. Diese Summe teilte sich auf in erstens einen noch am gleichen Wochenende bewilligten supranationalen Fonds der EU von 60 Milliarden Euro, zweitens den Vorschlag zur Einrichtung eines von allen Mitgliedsstaaten garantierten Fonds von 440 Milliarden Euro sowie drittens einen Beitrag des IWF in Höhe von 250 Milliarden Euro.

Dieser Fonds war dermaßen immens, dass von einer Beruhigung der Märkte ausgegangen werden konnte. Das kurzfristige Problem bestand im Mai 2010 aber darin, dass von diesen Summen nur die 60 Milliarden

Euro der Eurozone bewilligt, wenn auch noch nicht operationell waren; die anderen beiden Tranchen mussten noch formelle Prozesse durchlaufen, bevor sie tatsächlich abrufbar waren. Es herrschten deshalb starke Zweifel, ob damit der Welle des Misstrauens auf den Finanzmärkten kurzfristig wirklich Paroli geboten werden könne. Befürchtet wurde eine Liquiditätskrise, welche trotz der bereitgestellten Milliarden kurzfristig eine zweite Finanzkrise auslösen könnte.

Deshalb wurde das Paket durch eine sehr kontroverse Maßnahme flankiert, bei der die einzige Institution involviert wurde, die auch sehr kurzfristig über unbegrenzte Liquidität verfügen kann: Die Europäische Zentralbank (EZB) begann bereits am 9. Mai damit, auf den Finanzmärkten gezielt die Staatsanleihen der gefährdeten Staaten zu kaufen, um deren Kurs zu stützen.

Die Rettungsaktionen vom zweiten Maiwochenende 2010 waren insofern erfolgreich, als es vorläufig gelang, die Panik auf den Märkten für Staatsanleihen zu beruhigen und ein Überschwappen auf das Bankensystem zu vermeiden; der Beschluss für ein irisches Hilfspaket inmitten neu aufflackernder Beunruhigung im November 2010 hat gezeigt, dass die gesprochenen Geldsummen in der angespannten Lage wohl gerechtfertigt waren, obwohl mit einer Umschuldung und anschliessender direkter Rettung bedrohter systemrelevanter Banken eine Alternative bestanden hätte. Das zunehmende Übergreifen der Turbulenzen auf Spanien und vor allem Italien ließ im Herbst 2011 die Befürchtung aufkommen, dass selbst dieser gigantische Rettungsschirm deutlich zu klein sein könnte. Für einen *bailout* dieser beiden großen Länder würden die bereitgestellten Summen nämlich nicht ausreichen. Entsprechend intensivierten sich die Diskussionen, ob der Betrag aufgestockt werden sollte oder ob man die Situation nicht doch eher mit einer Umschuldung zumindest Griechenlands entspannen könnte. Jeder Schritt in Richtung einer Umschuldung müsste aber wohl zwingend mit Bankenrettungen kombiniert werden. Dies zeigen exemplarisch die Nöte, in welche die stark in griechischen Staatsanleihen exponierte belgisch-französische Großbank Dexia Anfang Oktober 2011 geraten ist. Eine ganze Reihe überschuldeter europäischer Banken dürften die mit einer Umschuldung erzwungenen Abschreibungen kaum ohne staatliche Hilfe überleben. Und sie einfach in den

Konkurs gehen zu lassen, würde die Gefahr einer großen Bankenkrise heraufbeschwören.

Der Schiffbruch der Fiskalregeln im Euroraum

Der – wohl nur temporäre – Erfolg der Rettungsaktion vom Mai 2010 war teuer erkauft worden. Die Aktion markierte nämlich das definitive Scheitern der fiskalpolitischen Regeln im Euroraum. Mit der Einführung des Euro war die Geldpolitik in den Euroländern von der nationalen auf die supranationale Ebene verlagert worden. Gleichzeitig war es aber das erklärte Ziel, die Finanzpolitik weiterhin in der vollen Verantwortung der Nationalstaaten zu belassen – man wollte explizit keine wirtschaftspolitischen «Vereinigten Staaten von Europa» schaffen. Da aber zwischen den beiden Politikbereichen oft ein starker Zusammenhang besteht – die Krise hat dies exemplarisch bewiesen –, insistierte insbesondere Deutschland vor Einführung der Währungsunion, dass auch der Finanzpolitik der Euroländer gewisse Schranken auferlegt werden müssten. Glaubwürdige Institutionen, welche die finanzpolitische Solidität der Union garantieren sollten, waren eine politische Voraussetzung dafür, dass Deutschland die sehr beliebte D-Mark zugunsten des Euro aufgab.

Im Vorfeld der Einführung des Euro wurden deshalb Regeln für die Fiskalpolitik von Ländern festgelegt, die den Euro übernehmen wollten. Dies umfasste drei wesentliche Elemente:

- Die Staatsfinanzen der Länder der Eurozone müssen gesund sein. Konkret dürfen die Budgetdefizite gemäß den sogenannten Maastricht-Kriterien nicht mehr als 3 Prozent des BIP betragen, die Staatsschulden nicht mehr als 60 Prozent (Kernstück des sogenannten Stabilitäts- und Wachstumspakts).
- Länder der Eurozone dürfen sich gegenseitig keine finanzielle Unterstützung zur Bewältigung von Finanzierungsschwierigkeiten der staatlichen Haushalte gewähren (No-Bailout-Regel).
- Die EZB darf nicht gezielt Anleihen von Mitgliedsländern kaufen (keine Monetisierung der Staatsverschuldung).

Die erste Regel betraf dabei die nationalen Finanzpolitiken, die anderen beiden die Zusammenarbeit zwischen den Ländern in finanzpolitischen Fragen.

Die nationalen Regeln für die Höhe von Budgetdefiziten und Staatsverschuldung sind der bekannteste Pfeiler der finanzpolitischen Zusammenarbeit im Euroraum. Ihr Ziel ist es, die Mitgliedsstaaten auf eine konservative Fiskalpolitik zu verpflichten, um Verschuldungsprobleme auch in konjunkturell schlechten Phasen zu vermeiden. Die genauen Grenzen für Defizite und Verschuldung sind dabei natürlich etwas willkürlich gesetzt, gibt es doch keine wissenschaftlich erhärtete Höhe, ab der die Staatsverschuldung in allen Fällen problematisch würde. Der Pakt war so strikt formuliert, dass Länder, die ihn nicht einhielten, mit substanziellen Geldbußen zu rechnen hatten. Allerdings blieb es hier immer bei der Theorie. Obwohl auch im Vorfeld der Krise viele Länder insbesondere die Vorgabe von Haushaltsdefiziten unter 3 Prozent des BIP nicht einhielten, kam es in keinem einzigen Fall zu einer Bestrafung; letztlich erwies es sich als politisch unmöglich, eine qualifizierte Mehrheit der Euroländer dazu zu bringen, einem souveränen Mitgliedsland eine Buße aufzuerlegen. Schon vor der Krise war dem außenstehenden Beobachter deshalb klar, dass dieses Kernstück des Stabilitäts- und Wachstumspakts nicht wie gewünscht funktionierte. In der Krise wurden dann die Kriterien von allen Mitgliedsstaaten dermaßen deutlich verletzt, dass der Pakt faktisch kaum mehr eine Rolle spielte.

Wenn auch diese finanzpolitischen Regeln vor der Krise nicht eingehalten wurden, so konnte man sich doch lange damit trösten, dass wenigstens die No-Bailout-Regel nicht gefährdet schien. Die Mitgliedsländer mochten die Vorgaben vielleicht nicht vollständig erreichen, aber immerhin hatte bis vor Kurzem keines der Länder irgendein Problem, sich die Schulden zu günstigen Konditionen auf den Kapitalmärkten finanzieren zu lassen. Mit der Griechenlandkrise änderte sich dies schlagartig. Wir haben in Kapitel 8 den drastischen Anstieg der Risikoprämien für Anleihen der GIPS-Länder demonstriert. Dieser Anstieg und die Angst vor einer durch einen Staatskonkurs ausgelösten Bankenpanik motivierte schließlich – wie gezeigt – zur Schaffung eines gigantischen Fonds zur Rettung der bedrängten Staatshaushalte. Dieser Schritt bedeutete aber, dass mit der No-Bailout-Regel der zweite Pfeiler des finanzpolitischen Regelwerks im Euroraum brüchig wurde. Eine Hauptmotivation für diese Regel war es gewesen, Moral-Hazard-Verhalten zu verhindern. Eine Regierung, die weiß, dass sie im Notfall von den anderen Staaten gerettet wird, kann nämlich Anreize haben, Risiken einzugehen und sich zu stark zu verschulden. Mit der Einrichtung des Rettungsschirms wurde der Schutzwall der No-Bailout-Regel eingeebnet und damit die Gefahr erhöht, dass derartiges Moral-Hazard-Verhalten attraktiver werden könnte.

Auch der dritte und letzte Pfeiler fiel am gleichen Wochenende Anfang Mai 2010. Weil die Gelder für den Rettungsfonds nicht sofort verfügbar waren, erklärte sich ja die EZB bereit, die Lage dadurch unmittelbar zu beruhigen, dass sie Anleihen der gefährdeten Länder auf den Kapitalmärkten kaufte. Diese Operationen wurden in der Folge fortgesetzt. Als sich die Krise weiter verschärfte, weitete die EZB Anfang August 2011 die Käufe auch auf italienische Staatsanleihen aus. Die gemeinschaftliche geldpolitische Institution wurde damit letztlich dazu verwendet, um nationale finanzpolitische Probleme von Mitgliedsländern gezielt zu beseitigen. Damit wurde auch das Prinzip verletzt, dass es nicht zu einer Monetisierung der Staatsverschuldung kommen darf. Auch wenn die EZB betonte, dass dies einzig das Ziel habe, die Finanzmarktstabilität zu garantieren, wurde mit diesem Schritt ein echtes Tabu gebrochen; die europäische Geldpolitik wurde gefährlich nahe an die Fiskalpolitik gerückt. Dies war in der Vergangenheit immer als undenkbar bezeichnet worden, weil ein solcher Schritt die Unabhängigkeit der EZB infrage stellt und damit die Garantie der Preisstabilität im Euroraum potenziell untergräbt.

Es lässt sich also festhalten, dass von den fiskalpolitischen Regeln der europäischen Währungsunion seit dem Frühjahr 2010 kaum mehr viel übrig geblieben ist.

AUSBLICK: GROSSE HERAUSFORDERUNGEN

V

In den bisherigen Teilen haben wir den Weg in die Krise und die seither getroffenen Maßnahmen erläutert. Nun wagen wir den Blick nach vorne – denn es stehen sehr große Herausforderungen an.

Erstens – und wohl am dringlichsten – geht es darum, die Risiken im Finanzsystem zu senken und dadurch ähnliche Krisen in Zukunft weniger wahrscheinlich zu machen. Dabei liegt der Fokus eindeutig auf der Bankenregulierung.

Zweitens muss in nicht allzu ferner Zukunft die makroökonomische Wirtschaftspolitik normalisiert werden. Dafür muss die außergewöhnlich aggressive Geld- und Fiskalpolitik rechtzeitig auf ein normales Maß zurückgeführt werden, ohne damit eine erneute Rezession auszulösen.

Drittens drängt die Frage, wie die fundamentalen Probleme im Euroraum gelöst werden könnten, um akute Schuldenkrisen dieses Ausmaßes in Zukunft zu vermeiden.

12 WEGE ZU KRISENFESTEREN BANKEN

Die Krise hat ihren Ursprung – wir haben das aus verschiedenen Blickwinkeln immer wieder erläutert – im zu riskanten Verhalten von Banken. Um die Gefahr zu verringern, dass sich derartige Ereignisse in Zukunft wiederholen, gilt es, die übermäßige Risikofreude von Banken einzudämmen. Und da diese eine Folge von Marktversagen ist, das heißt, die Banken zu wenige Anreize haben, die Risiken von sich aus zu reduzieren, muss dies letztlich durch eine Anpassung der Bankenregulierung geschehen.

Zudem hat uns die Krise vor Augen geführt, dass von sehr großen Banken besondere Risiken ausgehen. Neben der verbesserten Regulierung aller Banken, die wir im ersten Abschnitt diskutieren werden, gilt es daher, insbesondere Vorkehrungen für die Banken zu treffen, die heute zu groß *(too big to fail)* sind. Wir werden dies in einem zweiten Abschnitt darlegen.

Schärfere Regulierungen für alle Banken

Die Schweizer Stadt Basel ist international bekannt für ihre Fasnacht, den Zoo und die «Art Basel», die weltweit bedeutendste Kunstmesse. In jüngster Zeit tauchte der Name der Stadt aber vorwiegend in ganz anderem Zusammenhang in der Weltpresse auf. Basel ist nämlich auch Sitz der Bank für Internationalen Zahlungsausgleich (BIZ), der Zentralbank aller Zentralbanken sozusagen. Am Sitz der BIZ wurde 1988 die Basler Eigenmittelvereinbarung für Banken unterzeichnet. Dieses inzwischen als «Basel I» bezeichnete Dokument gibt den nationalen Bankenregulatoren international vereinbarte Empfehlungen, wie die Banken konkursresistenter gemacht werden können. Im Jahr 2006 wurden diese Empfehlungen zu «Basel II» angepasst, in der Folge der Bankenkrise liegen heute Vereinbarungen für «Basel III» auf dem Tisch.

Die Grundidee der Basler Anforderungen

Der Ansatz ist bei der Weiterentwicklung der Basler Empfehlungen immer der gleiche geblieben. Für Banken werden Mindestanforderungen für die

Ausstattung mit Eigenkapital festgelegt. Und diese Empfehlungen sollten in möglichst allen Ländern umgesetzt werden, um das globale Finanzsystem sicherer zu machen und gleichzeitig nicht durch unterschiedliche Behandlung zwischen Ländern Wettbewerbsverzerrungen zu schaffen. Die Grundidee ist am besten verständlich, wenn man von der in diesem Buch schon oft verwendeten vereinfachten Bankbilanz ausgeht (siehe Abbildung 38).

ABBILDUNG 38

Vereinfachte Bankbilanz

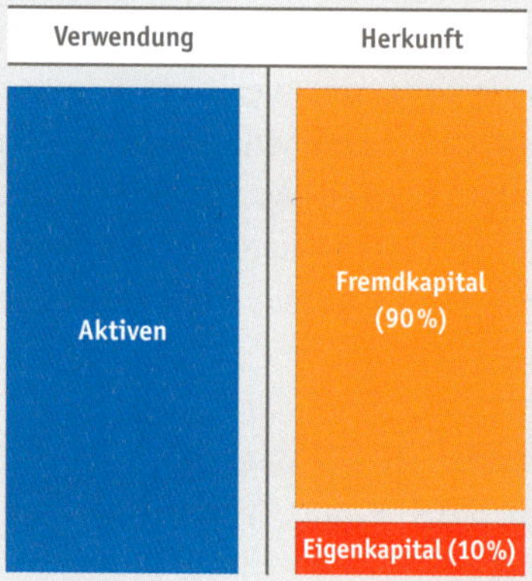

Eigene Grafik

Die Basler Empfehlungen besagen, wie groß das Eigenkapital im Verhältnis zu den Aktiven sein sollte. Die Überlegung dabei ist, dass eine Bank konkursfester wird, wenn sie über mehr Kapital verfügt, das Verluste auf der Aktivseite auffangen kann. Ist dieses Verhältnis etwa – wie in Abbildung 38 – 1 zu 10, so heißt das, dass die ungewichtete Eigenkapitalquote 10 Prozent beträgt. Die so berechnete Quote heißt übrigens *leverage ratio*; wir werden darauf noch zurückkommen.

Auch wenn sie von diesem Grundmodell ausgehen, werden die Eigenkapitalanforderungen nach den Basler Vorschriften etwas raffinierter berechnet. Ausgangspunkt ist dabei die plausible Überlegung, dass nicht alle Aktiven einer Bank mit demselben Risiko behaftet sind. Die Aktie eines eben gegründeten Start-up-Unternehmens ist riskanter als eine Obligation des Deutschen Staats. Und deshalb – so der Basler Ansatz – sollte für die Aktie auch mehr Eigenkapital gehalten werden, um das Verlustrisiko abzudecken. Umgesetzt wird der Basler Ansatz mit sogenannten Risikogewichten. Eine völlig sichere Anlage hat ein Risikogewicht von null Prozent, eine stark risikobehaftete eines von 100. Das heißt, dass für eine sichere Anlage (zum Beispiel Bargeld) kein Kapital gehalten werden muss, für eine riskante aber der volle von «Basel» vorgegebene Prozentsatz. Die gesamte Aktivseite einer Bank wird mit dieser Methode bewertet. Daraus berechnen sich die sogenannten risikogewichteten Aktiven. Abbildung 39 zeigt dies schematisch auf.

Die gesamten Aktiven werden durch die unterschiedliche Risikogewichtung zur kleineren Gesamtsumme der risikogewichteten Aktiven umgerechnet; dabei werden hier beispielsweise die weniger riskanten Kredite an die Regierung mit 20 Prozent bewertet, während Kredite an Privatkunden ein Risikogewicht von 75 Prozent aufweisen. Von diesen

ABBILDUNG 39

Wie man in Basel rechnet

Beispiel für die Ermittlung des regulatorischen Eigenkapitals

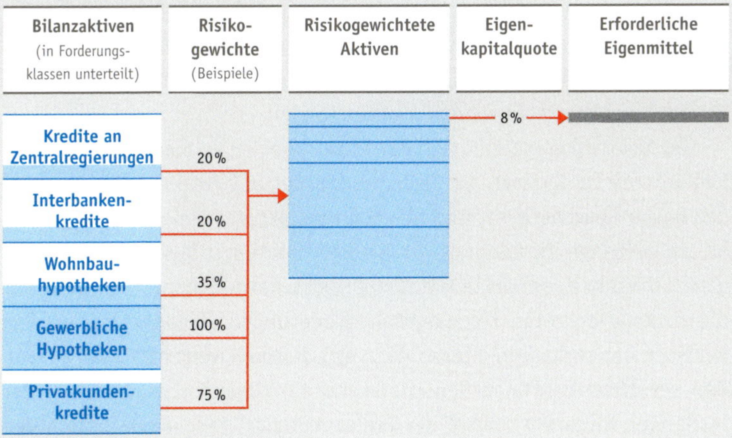

Quelle: Credit Suisse

risikogewichteten Aktiven müssen die Banken dann 8 Prozent Eigenkapital halten. Da nicht alle Aktiven mit 100 Prozent bewertet werden, ist die *leverage ratio* (das heißt die ungewichtete Eigenkapitalquote) deutlich kleiner; im vorliegenden Fall in der Abbildung nur etwa 4 Prozent.

Von «Basel I» zu «Basel III»

Dieser risikogewichtete Ansatz der Eigenkapitalvorschriften wurde auch beim Übergang von «Basel I» zu «Basel II» einige Jahre vor der Krise beibehalten. Allerdings wurde mit «Basel II» den Banken noch stärker die Möglichkeit gegeben, die Gewichtung auf Basis sehr differenzierter, eigener Abschätzungen der Risiken ihrer Aktiven festzulegen. Heute ist man sich einig, dass dabei die Beherrschbarkeit der Risiken überschätzt und die wahren Risiken unterschätzt wurden. Der Großteil der ABS, welche die Banken vor Ausbruch der Krise in rauen Mengen in ihren Bilanzen hatten, war etwa von den Ratingagenturen mit AAA bewertet worden und hatte deshalb gemäß Basler Ansatz ein sehr geringes Risikogewicht. Diese – im Nachhinein gesehen – hoch riskanten Anlagen waren deshalb kaum mit Eigenkapital unterlegt, was sich nach Ausbruch der Krise als verheerend erwies; wir haben dies im Detail gezeigt. Zudem war die Definition von Eigenkapital bei «Basel II» sehr großzügig. Gewisse gemäß «Basel II» als Eigenkapital geltende Positionen erwiesen sich in der Krise als völlig ungeeignet, Verluste aufzufangen. Schließlich bestand noch das Problem, dass ein großer Teil der riskanten Anlagen in Tochtergesellschaften ausgelagert waren, die als Teil des Schattenbankensystems gar keinen Eigenkapitalvorschriften unterstanden.

Um das Bankensystem nach der Krise robuster zu machen, haben die Regulatoren im Rahmen der Arbeiten bei der BIZ 2010 damit begonnen, das Basler Regelwerk ein weiteres Mal anzupassen. Ziel dieser Reformen ist eine stärkere Unterlegung der Bankgeschäfte mit Eigenkapital, damit dieses in einer Krise wirklich Verluste tragen kann. Entsprechend wurden die risikogewichteten Eigenkapitalanforderungen (Eigenkapital als Prozentsatz der risikogewichteten Aktiven) deutlich verschärft. Dabei wurden bei dieser zentralen Kenngröße der Bankenaufsicht gegenüber der bisherigen Situation sowohl der Zähler reduziert (engere Definition des angerechneten Eigenkapitals) als auch der Nenner erhöht (höhere Risikogewichte bei zahlreichen Aktiven). Beides führt dazu, dass viele gemäß «Basel II» noch genügend kapitalisierte Banken gemäß «Basel III» deutlich zu wenig kapitalisiert wären und deshalb ihr Eigenkapital substanziell erhöhen müssten. Wird «Basel III» weltweit umgesetzt, dürfte sich die Krisenresistenz des Bankensystems spürbar verbessern.

Eine leverage ratio als Sicherheitspolster

Die Krise hat allerdings das Vertrauen in die Risikogewichtung der Aktiven, die im Zentrum des Ansatzes von «Basel» I bis III steht, ganz grundsätzlich erschüttert. Schließlich erwiesen sich hier Aktiven als toxisch, die zuvor höchste Ratings erzielt hatten und die deshalb mit einem sehr geringen Gewicht in die Berechnung der Kapitalanforderungen eingegangen waren. Das zeigt, dass die Risiken einer Anlage letztlich nie mit genügender Sicherheit abgeschätzt werden können. Die jüngsten Entwicklungen im Euroraum haben das bestätigt; wer hätte vor einigen Jahren gedacht, dass sich Staatsanleihen von Mitgliedsländern der Währungsunion als derart unsichere Anlagen erweisen würden. Vor diesem Hintergrund hat der Basler Ausschuss eine wichtige Ergänzung vorgeschlagen. Dabei geht es um eine sogenannte *leverage ratio*. Diese wird so festgelegt, dass sie bei einem «normalen» Verhalten der Bank nicht bindend ist, das heißt, dass die Anforderungen gemäß *leverage ratio* dann tiefer sind als bei der Risikogewichtung. Erst wenn eine Bank ihre Bilanz mit scheinbar risikolosen Anlagen (das heißt solchen mit einem Risikogewicht von nahe null Prozent) sehr stark ausdehnt, beginnt die *leverage ratio* zu greifen; sie beschränkt dadurch die Möglichkeit einer immer stärkeren Vergrößerung der Bankbilanz ohne zusätzliches Eigenkapital; genau das war ja vor der Krise geschehen. Wir haben die *leverage ratio* übrigens in Abbildung 38 kennengelernt, als wir über die grundsätzliche Idee der Kapitalvorschriften gesprochen haben. Sie besteht einfach darin, alle Aktiven, unabhängig von ihrem angenommenen Risiko gleich zu bewerten, das heißt die nicht risikogewichtete – oder eben tatsächliche – Höhe der Aktiven als Grundlage zu nehmen. Alle Aktiven – also auch Staatsanleihen – werden so quasi mit 100 Prozent gewichtet.

Diese Ergänzung der Kapitalanforderungen verhindert ein ungehemmtes Wachstum einer Bank und ist so ein zusätzliches Sicherheitsnetz; es trägt schon etwas zur Eindämmung des Problems bei, dem wir uns jetzt zuwenden.[45]

Too big to fail

Die Krise hat verdeutlicht, dass eine mikroökonomische (sogenannte mikroprudenzielle) Aufsicht über einzelne Institute – wie wir sie im vorherigen Abschnitt beschrieben haben – zwar wichtig ist, für sich alleine aber nicht ausreicht. Vielmehr gibt es zwischen den Finanzinstituten so starke Interdependenzen, dass auch regulatorisch perfekt agierende Banken durch das Verhalten anderer Banken in den Abgrund gerissen werden können. Diese gegenseitigen Abhängigkeiten gilt es bei der Aufsicht noch stärker als bisher zu berücksichtigen. Als besonders problematisch erweisen sich dabei große Banken, deren Probleme sofort das ganze Finanzsystem tangieren können. Die gesamtwirtschaftliche (sogenannte makroprudenzielle) Aufsicht oder eben die systemorientierte Regulierung wird damit mindestens ebenso wichtig.

Das Problem

Die Krise hat hier ein zusätzliches Problem offengelegt, das eine Anpassung der Regulierung als unabdingbar erscheinen lässt. Sie hat nämlich klargemacht, dass die größten Banken über eine Staatsgarantie verfügen, also *too big to fail* («zu groß, um zu scheitern») sind. Es entbehrt nicht einer gewissen Ironie, dass gerade der Entscheid, Lehman Brothers nicht zu retten – also der Versuch, diese Garantie nicht einzulösen –, die Staatsgarantie gefestigt hat. Die US-Behörden verzichteten auf eine Intervention, wohl auch, um damit zu signalisieren, dass die Folgen des Fehlverhaltens von den privaten Akteuren selbst getragen werden müssten. Allerdings waren die Auswirkungen des Konkurses von Lehman Brothers – wie wir gesehen haben – derart desaströs, dass ein solcher Entscheid in Zukunft kaum mehr denkbar ist. Jede Bank, die mindestens so groß und vernetzt ist wie Lehman Brothers 2008, weiß heute, dass sie im Notfall vom Staat gerettet wird. Die Rettung des stark in kurzfristigen Finanzmarktgeschäften engagierten Versicherungsgiganten AIG durch die US-Regierung – notabene nur einen Tag nach dem Lehman-Entscheid – sowie die zahlreichen Unterstützungsmaßnahmen zugunsten von Großbanken in verschiedenen Ländern haben das seither völlig klar werden lassen.

Damit wurde aber eine unhaltbare Situation geschaffen. Eine Marktwirtschaft basiert auf dem Prinzip, dass Fehlentscheide in letzter Konsequenz auch mit dem Konkurs des Unternehmens bestraft werden können.

Eine Unternehmensführung, die weiß, dass der Staat die Unternehmung im Notfall retten wird, hat weniger Anreize, in ihren Entscheiden die Risiken angemessen zu berücksichtigen. Vielmehr wird sogar *moral hazard* begünstigt, indem ein Anreiz geschaffen wird, besonders viel Risiko einzugehen; im positiven Fall bleiben die Gewinne ja privat, während im negativen Fall die Allgemeinheit für die Verluste aufkommt. Dies wird dadurch begünstigt, dass bei einer Aktiengesellschaft die Eigentümer nur mit ihrer Investition, nicht aber mit ihrem sonstigen Vermögen für Verluste geradestehen müssen. Und noch schlimmer: Die Tatsache, dass eine Bank nur gerettet wird, wenn sie eine bestimmte Größe aufweist, verleitet gerade dazu, mit riskanten Geschäften die Bilanzsumme auszuweiten und damit zu wachsen. Derartige Anreize können es im Extremfall attraktiv machen, immer unverantwortlichere Risiken einzugehen.

Man könnte nun argumentieren, dass ja schon bisher implizit klar war, dass das Scheitern einer Großbank nicht zugelassen werden könne. Das ist an sich richtig und hat ja schließlich auch zur Entstehung der Krise beigetragen. Aber es gibt doch einen entscheidenden Umstand, der die Situation erst mit dieser Krise wirklich inakzeptabel werden ließ. Bisher *vermuteten* die großen Banken, dass der Staat sie retten würde. Seit Lehman Brothers aber *wissen* sie es. Bis vor der Krise konnten die Behörden zumindest eine Strategie der sogenannten *constructive ambiguity* fahren, es also bewusst offenlassen, ob eine Großbank in Schwierigkeiten gerettet würde. Diese Unsicherheit besteht heute nicht mehr.[46]

Mögliche Lösungsansätze

Die Lösung des Too-big-to-fail-Problems ist zwar unabdingbar, gleichzeitig aber alles andere als einfach. Gesucht sind Regulierungen, welche die falsch gesetzten Anreize (Stichwort Staatsgarantie) beseitigen, gleichzeitig aber die Handlungsmöglichkeiten von Banken nicht so stark beschneiden, dass volkswirtschaftlich wichtige Geschäfte unattraktiv werden. Bei den Maßnahmen gilt es zwei Ebenen zu unterscheiden. Erstens soll unwahrscheinlich werden, dass eine große Bank insolvent wird. Zweitens aber muss ein Verfahren gefunden werden, trotz dieser Vorsichtsmaßnahmen scheiternde Banken in Konkurs gehen zu lassen – und zwar so, dass das Finanzsystem als Ganzes nicht gefährdet wird. Wir können hier nur wenige Ansätze dieser breiten und aktiven Diskussion skizzieren.

Die Wahrscheinlichkeit einer Bank, insolvent zu werden, hängt – wie wir das besprochen haben – entscheidend davon ab, wie hoch ihre Verschuldung ist. Der offensichtliche Ansatzpunkt zur Lösung der Too-big-to-fail-Problematik sind also höhere Eigenmittelanforderungen für große, systemrelevante Banken. Wenn diese Anforderungen zudem überproportional steigen, je größer und risikoreicher die Bank wird, dann setzt dies einen besonders starken Anreiz, die Größe und die Risiken zu senken. Ein wichtiger denkbarer Ansatz ist es zudem, diese Anforderungen über den Konjunkturzyklus hinweg schwanken zu lassen. Mit einem Aufbau von Eigenkapital in guten Zeiten soll für schlechte Zeiten vorgesorgt werden, in denen die Eigenkapitalquote dann tiefer liegen darf. Damit würden die Eigenkapitalvorschriften als automatische Stabilisatoren ausgestaltet. In Boomzeiten bremsen die strengeren Vorschriften die Kreditvergabe und damit die gesamtwirtschaftliche Nachfrage, in der Rezession wird sie über lockerere Vorschriften angekurbelt.

Neben der Verkleinerung der Bankbilanz über Eigenkapitalvorschriften werden zudem auch besonders hohe Anforderungen an die Liquiditätshaltung großer Banken diskutiert.

Sollen auch große Banken ihre volkswirtschaftlich wichtigen Funktionen aber weiterhin ausüben können, wird immer ein gewisses Insolvenzrisiko bestehen bleiben. Der zweite Ansatzpunkt für zusätzliche Regulierungen nach der Krise besteht deshalb darin, für diesen Fall geordnete Konkursverfahren für Banken einzuführen. Um den Anreiz zur Größe und zum unvorsichtigen Verhalten zu bekämpfen, muss auch eine große Bank im Notfall in Konkurs gehen können, ohne das ganze System in Gefahr zu bringen. In diesem Zusammenhang geht es vor allem darum, bei diesen Banken eine Organisationsform durchzusetzen, die es erlaubt, einzelne, auch im Konkursfall funktionsfähige Geschäftsbereiche möglichst rasch abzuspalten. Ein regulatorischer Ansatz besteht darin, die Banken zu verpflichten, jederzeit einen sogenannten *living will* – eine Art Testament also – vorlegen zu können. Darin müsste gezeigt werden, wie im Falle eines Konkurses die für das Funktionieren des Finanzsystems essenziellen Unternehmensteile abgespalten werden könnten.

Die regulatorischen Bemühungen stehen hier in den meisten Ländern noch ziemlich am Anfang. Über deren Notwendigkeit besteht aus ökonomischer Sicht aber kein Zweifel.

13 NORMALISIERUNG DER WIRTSCHAFTSPOLITIK

Wenn da und dort vom Ende der Krise die Rede ist, darf etwas nicht vergessen werden: Die Wirtschaftspolitik ist noch weit von der Normalität entfernt. Vor allem in der Geld- und Fiskalpolitik wurde in präzedenzlosem Ausmaß interveniert – und diese Maßnahmen wurden bisher noch kaum zurückgefahren. Von einem erfolgreichen Überstehen der Krise können wir erst sprechen, wenn sich sowohl die Geld- als auch die Fiskalpolitik ohne allzu negative Auswirkungen auf Wachstum und Beschäftigung normalisiert haben. Dass dies gelingt, ist alles andere als sicher; es wird ein ungewöhnliches Maß an wirtschaftspolitischem Fingerspitzengefühl nötig sein, um das richtige Timing für die Umsetzung dieser Exit-Strategien zu finden. Wir wollen die wichtigsten Herausforderungen im Folgenden erläutern.

Die Normalisierung der Geldpolitik

Es kann kaum genügend betont werden, in welch außergewöhnlicher Lage sich die Geldpolitik in vielen Ländern nach wie vor befindet. Alle üblichen Schleusen wurden voll geöffnet, und es wurden noch ein paar zusätzliche, bisher kaum geprüfte Wege gefunden, um die Liquidität auszuweiten. Die Leitzinsen aller wichtigen Währungen sind auf dem tiefstmöglichen Niveau oder nahe daran; wir haben dies in Teil IV dargestellt. Daneben haben die Zentralbanken – wie oben beschrieben – über unkonventionelle Instrumente die Geldmenge zusätzlich massiv ausgeweitet. Man sieht dies an der Entwicklung der Bilanzsummen des Fed und der SNB in Abbildung 40.

Wie in Kapitel 10 beschrieben, wurde durch die unkonventionelle Geldpolitik, also durch den Kauf von längerfristigen inländischen Wertpapieren und Devisen (ausländische Wertpapiere) die Zentralbankbilanzen sehr stark verlängert. Dies mit dem Ziel, die Geldmenge über die kurzfristigen Zinseffekte hinaus zusätzlich auszudehnen. Abbildung 40 zeigt, wie außergewöhnlich diese Ausdehnung war; die jüngste Bilanz-

ABBILDUNG 40

Außergewöhnliche Zentralbankbilanzen

Bilanzsummen der EZB, des Fed und der SNB

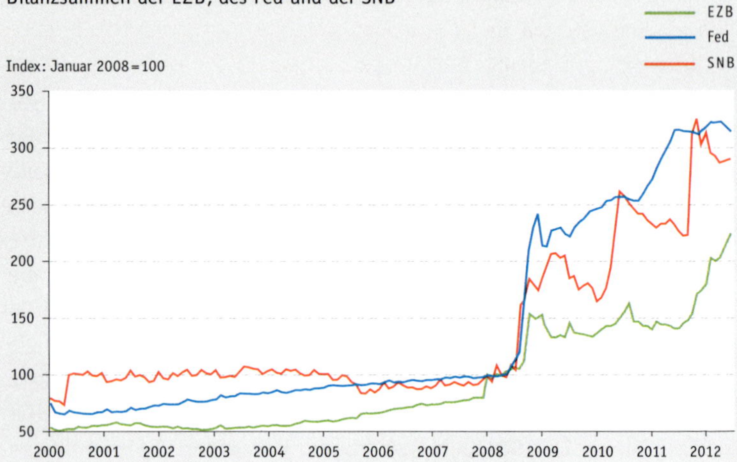

Quelle: Europäische Zentralbank (EZB), Federal Reserve, Schweizerische Nationalbank (SNB)

entwicklung gleicht eher derjenigen eines aggressiv wachsenden Anlagefonds als einer konservativen Zentralbank; allerdings natürlich mit ganz anderen Zielsetzungen.

Sobald sich die Wirtschaftslage nachhaltig verbessert, muss die Liquidität in großem Stile und rasch zurückgeführt werden. Andernfalls – und dies ist die erste Gefahr der momentanen Geldschwemme – drohen sehr bald eine zu starke Stimulierung der gesamtwirtschaftlichen Nachfrage und damit eine hartnäckige Inflation. Dabei lehrt die Vergangenheit, dass ein einmal in Gang gekommener Inflationsprozess nur schwer zu stoppen ist. In der Regel sind dann drastische geldpolitische Bremsmanöver erforderlich, die sich stark negativ auf die Realwirtschaft auswirken. Angesichts der weltweiten Geldschwemme ist diese Gefahr heute besonders ausgeprägt.

Nur weil ein großer Teil der Liquidität von den traumatisierten Banken gehortet, also nicht in Form von Krediten weitergegeben wird, ist der Inflationsdruck heute angesichts dieser außerordentlichen Situation noch relativ schwach. Sobald sich dies aber ändert und die Banken das Geld wieder verstärkt in den Wirtschaftskreislauf einfließen lassen, ist ohne entsprechende Gegenmaßnahmen die Preisstabilität ernsthaft bedroht. Wie außergewöhnlich die Situation ist, sieht man daran, dass die Banken in historisch präzedenzlosem Ausmaß überschüssige Reserven bei den Zentralbanken halten. Abbildung 41 zeigt dies für den Fall der USA.

ABBILDUNG 41

Aufgestautes Inflationspotenzial

Überschussreserven der US-Geschäftsbanken beim Fed

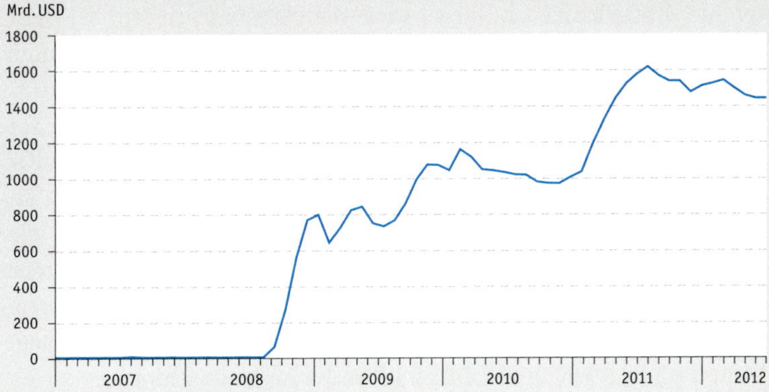

Quelle: Federal Reserve

Bis 2009 waren diese Überschussreserven[47] in allen Wirtschaftslagen inexistent, heute betragen sie deutlich über 1000 Milliarden Dollar. Sollten die Banken beginnen, diese Gelder wie üblich zu verwenden, sie nämlich als Kredite zu vergeben, statt sie mit niedrigem Zins auf ihrem Konto bei der Zentralbank zu halten, dann würde die für die Inflationsentwicklung ausschlaggebende Geldmenge sprunghaft ansteigen.[48]

Zur Inflationsgefahr kommt das Risiko, dass diese üppig vorhandene, «nach Anlagemöglichkeiten suchende» Liquidität die nächsten Finanzmarktblasen nähren könnte. Die stark steigenden Preise für Rohwaren oder Gold sowie die starken Kapitalströme in verschiedene Schwellenländer könnten bereits erste Hinweise darauf sein. Aus all diesen Gründen ist eine baldige Rückführung der monetären Expansion unumgänglich.

Technisch ist der Übergang zu einer normaleren Geldpolitik nicht schwierig. Die Zentralbanken können die unkonventionelle Ausdehnung der Geldmenge durch den Verkauf von längerfristigen Wertpapieren rückgängig machen, und die konventionelle Geldpolitik lässt sich über die Erhöhung der kurzfristigen Zinsen straffen. Das große Problem liegt im Timing dieser Maßnahmen. Wird die Geldpolitik zu früh restriktiv, so besteht die Gefahr, den beginnenden Aufschwung abzuwürgen und die Wirtschaft in eine Rezession zu stürzen; angesichts der in vielen Ländern nach wie vor hohen Arbeitslosigkeit gar keine erfreuliche Aussicht. Warten die Zentralbanken zu lange, wird, wie oben beschrieben, der Geist der Inflation aus der Flasche gelassen, der sich dann nur noch mit teuren Maßnahmen wieder bändigen lässt.

Zu dieser Schwierigkeit kommt hinzu, dass die internationalen Verflechtungen der Volkswirtschaften und damit die Effekte der Geldpolitik auf die Wechselkurse zu beachten sind. Eine Zentralbank, die früher als die anderen mit der Straffung beginnt, muss damit rechnen, dass die steigenden Zinsen die eigene Währung für Investoren attraktiver macht, was zu einer Aufwertung führt. Dies aber droht die ohnehin schon bremsende Wirkung der Zinserhöhungen (über die Investitionsnachfrage) dann noch deutlich zu verstärken (über die Auslandnachfrage).

Der geldpolitische Exit wird also alles andere als einfach sein.

Die Eindämmung des Wachstums der Staatsverschuldung[49]

Die Krise hat auch in den staatlichen Haushalten deutliche Spuren hinterlassen. Beim Versuch, die Nachfrage zu stärken, wurden die Staatsausgaben innert kurzer Zeit stark ausgeweitet, die Staatseinnahmen gingen zurück. Dies führte zu eindrücklichen Budgetdefiziten und damit zu einer Erhöhung der Staatsverschuldung. Abbildung 42 zeigt für einige OECD-Staaten das Verhältnis der Staatsverschuldung zum BIP. Rot ist dabei die Veränderung seit Beginn der Krise aufgeführt.

Innerhalb sehr kurzer Zeit hat sich während der Krise die Schuldensituation fast aller OECD-Staaten drastisch verschlechtert. Wie man sieht, ist das Problem keinesfalls auf die südlichen Eurostaaten beschränkt, deren Probleme wir in vorherigen Kapiteln diskutiert haben. Eine bemer-

ABBILDUNG 42

Eine sehr, sehr teure Krise

Staatsverschuldung in Prozent des BIP

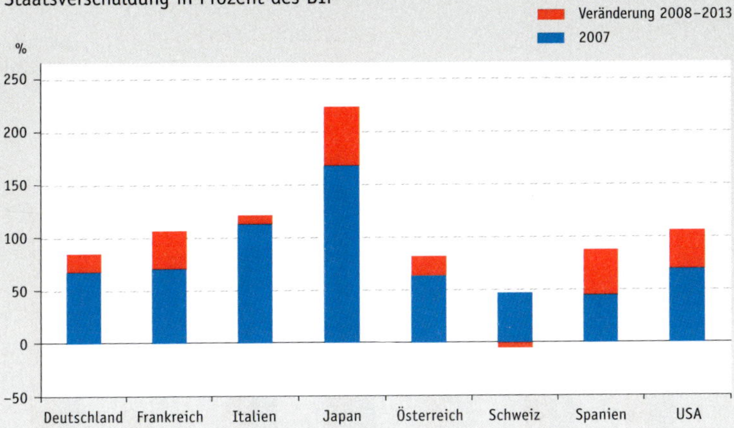

Quelle: OECD Economic Outlook 91; Daten für 2012/2013 Prognosen

kenswerte Ausnahme bildet hier im Übrigen die Schweiz, deren Staatsverschuldung sich während der Krise gar leicht zurückgebildet hat.

Eine Abkehr von dieser zunehmenden Staatsverschuldung ist unumgänglich, denn die Kosten können rasch substanziell werden. Neben der bereits ausführlich diskutierten Gefahr von Staatsbankrotten entfalten die zunehmenden Staatsschulden problematische Verdrängungseffekte einerseits bei den übrigen Staatsausgaben, andererseits bei den privaten Investitionen.

Zum Ersten: Je höher die Schulden, desto höher sind die jährlichen Zinskosten. Jeder Anstieg des Schuldendienstes aber geht – wenn man auf Steuererhöhungen verzichten will – auf Kosten anderer, auch ökonomisch wichtiger Staatsausgaben wie Bildung oder Infrastruktur. Die Ergebnisse einer Modellrechnung in Abbildung 43 zeigen, dass die zusätzlichen Zinskosten alles andere als vernachlässigbar sind.[50]

In den USA bewirkt die Krise unter der hier verwendeten Annahme, dass die Zinsen 2015 dem Durchschnitt der Jahre 1990 bis 2010 entsprechen, innerhalb von nur acht Jahren eine Erhöhung der jährlichen Zins-

ABBILDUNG 43

Eine besonders unattraktive Form von Staatsausgaben

Kosten der Schuldzinsen in Prozent der gesamten Staatseinnahmen (Prognose)

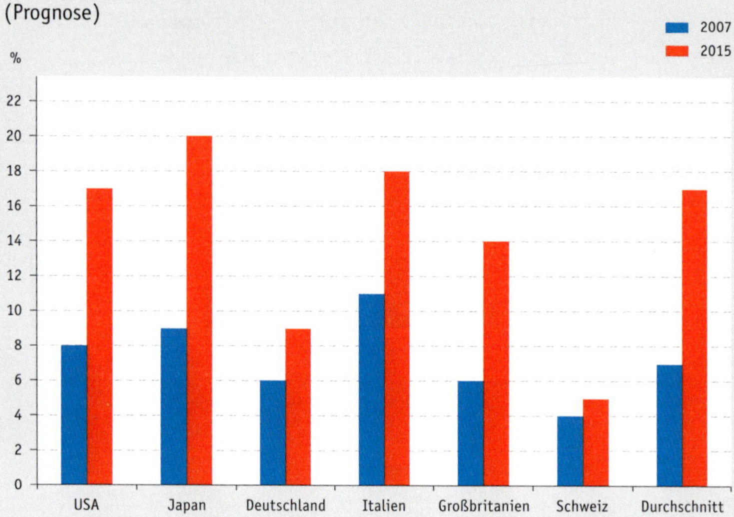

Quelle: Schaltegger und Weder (2010)

kosten von 8 auf 17 Prozent der gesamten Staatseinnahmen. Noch eindrücklicher ist die Entwicklung in Japan. Aber auch die großen EU-Staaten werden einen substanziellen Anstieg verzeichnen. Weiter kommt dazu, dass die mit der notwendigen Straffung der Geldpolitik verbundenen Zinserhöhungen die Zinslast für die öffentlichen Haushalte zusätzlich erhöhen dürften.

Zum Zweiten kommt es aber auch zu einer Verdrängung privater Investitionen. Weil der Staat bei steigender Verschuldung vermehrt als Nachfrager nach Spargeldern auf dem Kapitalmarkt auftritt, verknappen sich die Gelder, wodurch die Zinsen ansteigen. Zusätzlich nach oben gedrückt werden die Zinsen zudem oft durch die Befürchtung, dass die Staatsverschuldung in zunehmendem Maß zu Inflation führen könnte.[51] Steigen nämlich die Inflationserwartungen dadurch an, müssen die Anleger mit höheren Zinsen für den erwarteten Wertverlust ihres Geldes über die Zeit entschädigt werden. Auch dies führt dazu, dass die Investitionsnachfrage der Unternehmen zurückgeht.

Wie in der Geldpolitik ist das Timing des Exits auch in der Finanzpolitik eine echte Herausforderung. Beginnt der Staat zu früh, die Finanzen über Ausgabenkürzungen oder Steuererhöhungen zu konsolidieren, besteht die Gefahr einer erneuten Abschwächung der Wirtschaft. Wartet er zu lange, werden die Verdrängungseffekte besonders schädlich. Dabei gilt es allerdings einen gewichtigen Unterschied zur Geldpolitik zu beachten: Während die Geldpolitik von politisch unabhängigen Experten festgelegt wird, durchläuft jeder finanzpolitische Entscheid politische Prozesse. Dabei ist es erfahrungsgemäß schwierig, einmal bestehende Staatsausgaben wieder zurückzufahren. Jede Subvention schafft sehr rasch Interessenvertreter, die sich für deren Beibehaltung einsetzen. Explizit als temporär bezeichnete Staatsausgaben werden dadurch oft zu «unverzichtbaren» Daueraufgaben. Diese politisch-ökonomischen Überlegungen sprechen dafür, mit der finanzpolitischen Konsolidierung möglichst bald zu beginnen. Dabei sind strikte Budgetregeln, die zu solchen Maßnahmen zwingen, besonders hilfreich, wie wir im kommenden Abschnitt erläutern werden.

Längerfristige Herausforderungen

Neben dem Problem des unmittelbaren Ausstiegs aus der sehr expansiven Geld- und Fiskalpolitik hat die Krise auch grundsätzliche Herausforderungen in diesen beiden Politikbereichen offengelegt. Sowohl die Geld- als auch die Fiskalpolitik haben zwar zur Eindämmung der Krisenfolgen beigetragen, spielten aber gleichzeitig eine nicht unbedeutende Rolle bei der Entstehung der Finanzkrise und ihrer Nachbeben; wir haben das sowohl beim Entstehen der Immobilienblase gesehen (im Vorfeld zu expansive Geldpolitik) als auch bei der Eurokrise (im Vorfeld zu expansive Fiskalpolitik). Gewisse Anpassungen könnten helfen, die Wahrscheinlichkeit für solche Ereignisse in Zukunft zu verkleinern. Dabei handelt es sich aber insbesondere bei der Geldpolitik um schwierige, umstrittene Themen; wir wollen hier kurz die wichtigsten Diskussionspunkte aufführen.

Geldpolitik und Finanzmarktblasen

So sehr sich die Zentralbanken jüngst bei der Bekämpfung der Krise ausgezeichnet haben, so wenig darf man ihre Rolle bei deren Entstehung vernachlässigen. Wie wir herausgestrichen haben, hängen vor allem zwei Voraussetzungen für die Krise eng mit der Geldpolitik verschiedener Länder zusammen. Einerseits hielt die US-amerikanische Zentralbank in den Jahren 2002 bis 2004 die Leitzinsen sehr lange außerordentlich tief, was die starken Preiserhöhungen auf dem US-amerikanischen Immobilienmarkt begünstigte. Andererseits wurde der Kapitalimport in die USA, der ebenfalls zur Immobilienpreishausse beitrug, durch die Interventionen der asiatischen Notenbanken, vor allem derjenigen Chinas, mit verursacht. Wie ließen sich solche negativen Auswirkungen der Geldpolitik in Zukunft verhindern?

Am einfachsten ist es, Lehren aus dem Verhalten der chinesischen Zentralbank zu ziehen: Die bewusste Schwächung einer Währung sollte ausdrücklich vermieden werden. Wächst ein Land sehr schnell, so wird dies aus verschiedenen Gründen dessen Währung tendenziell attraktiver machen, was zu einer Aufwertung führt. Die Zentralbank sollte nun diesen normalen Anpassungsprozess nicht im Interesse einer übermäßigen Steigerung der Exporte verhindern. Ansonsten entstehen große Ungleichgewichte in den Handelsströmen, die – wie bei jedem falsch gesetzten Preis – zu erheblichen Ineffizienzen führen können. Die künstliche Aufblähung der Preise auf dem US-Immobilienmarkt war eine solche Ineffizienz, deren Korrektur dann entsprechend schmerzhaft ablief.

Schwieriger ist die Frage, was die US-amerikanische Zentralbank, das Fed, hätte anders machen sollen. In den Jahren 2002 bis 2004 war die offiziell gemessene Inflation nämlich ausgesprochen tief. Das Fed konnte mit einem gewissen Recht behaupten, dass vor dem Hintergrund des inexistenten Inflationsdrucks eine Straffung der Geldpolitik nicht nötig sei.[52] Die Preise, die der typische Haushalt für seine Ausgaben zahlte, waren tatsächlich recht stabil. Zog man aber zur Messung der Preisentwicklung auch Wertanlagen wie etwa Immobilien hinzu, so sah die Sache ganz anders aus. Wir haben gesehen, dass die Immobilienpreise in einem völlig unüblichen Maße nach oben schossen. Die reichlich vorhandene Liquidität führte also sehr wohl zu Inflation, aber eben bei den Preisen anderer Güter als derjenigen, auf die sich die Geldpolitik in der Regel konzentrierte.

Seit Langem wird diskutiert, wie stark die Zentralbanken Veränderungen von sogenannten Asset-Preisen – also Preisen von Wertanlagen – in ihren Entscheidungen berücksichtigen sollten. Neben den Preisen für Immobilien könnten dies auch Preise für Aktien oder andere Wertpapiere sein. Die meisten Geldpolitiker waren diesbezüglich bisher skeptisch und argumentierten, dass es sehr schwer sei, bei solchen Wertanlagen gerechtfertigte Preiserhöhungen von ungerechtfertigten Finanzmarktblasen zu unterscheiden. Deshalb – so etwa besonders prominent Alan Greenspan, der frühere Fed-Vorsitzende – sollte die Geldpolitik nicht versuchen, Finanzmarktblasen zu bekämpfen. Mit der Finanz- und Wirtschaftskrise ist diese Ansicht inzwischen deutlich in die Kritik geraten. Die klare Mehrheit der Ökonominnen und Ökonomen vertritt heute die Meinung, dass die verheerende Blase kaum in diesem Ausmaß entstanden wäre, hätte das Fed schon zwei Jahre früher, als Reaktion auf die Entwicklungen der Immobilienpreise, die Zinsen angehoben.

Eine der wichtigsten wirtschaftspolitischen Folgerungen der Krise dürfte deshalb sein, dass die Zentralbanken bei ihren geldpolitischen Entscheidungen in Zukunft stärker auf ungewöhnliche Preiserhöhungen bei Wertanlagen Rücksicht nehmen sollten. Deutlich weniger Konsens besteht aber darüber, wie eine solche Politik konkret auszugestalten wäre. Mit welchen Daten der Konsumentenpreisindex als Inflationsmaß in Zukunft allenfalls ergänzt werden sollte, wird in den kommenden Jahren unter Geldpolitikerinnen und Geldpolitikern noch zu einigen Diskussionen führen.

Nachhaltige Finanzpolitik

Die Krise hat tiefe Löcher in die öffentlichen Haushalte gerissen. Die Korrektur dieser krisenbedingten Fehlbeträge wird in unmittelbarer Zukunft drastische Konsolidierungsschritte bedingen. Darüber hinaus zeigte sich aber, dass die Staaten vor grundsätzlichen finanzpolitischen Herausforderungen stehen, die durch die Krise nicht ausgelöst, sondern offengelegt wurden. In den meisten Ländern ist die Finanzpolitik grundsätzlich nicht nachhaltig, das heißt, sie hat eine klare Tendenz hin zu immer weiterem Schuldenaufbau.

Besonders deutlich hat sich das in den Ländern der Eurozone gezeigt. Trotz des Stabilitäts- und Wachstumspaktes, der ja an sich gerade auf eine nachhaltige Finanzpolitik zielt, weisen so gut wie alle Mitgliedsländer seit Langem strukturelle Defizite auf; unabhängig von der Konjunkturlage steigt die Staatsverschuldung an. Die Lösung für dieses Problem muss in strikteren Budgetregeln liegen, die dazu zwingen, den Haushalt strukturell ausgeglichen zu halten. Das heißt nicht, dass das Budget immer ausgeglichen sein muss. Aus konjunktureller Sicht ist es durchaus sinnvoll, dass in einer Rezession die Staatsausgaben höher sein können als die Staatseinnahmen. Dem daraus entstehenden Defizit sollten aber umgekehrt in einer guten Konjunkturlage Überschüsse gegenüberstehen. Die in der Rezession erhöhten Staatsschulden werden dann in der Hochkonjunktur wieder zurückgezahlt, sodass die Schulden, über den ganzen Konjunkturzyklus gesehen, konstant bleiben.

Das Problem in der Eurozone war, dass zwar in Rezessionen Schulden gemacht, diese aber in der Hochkonjunktur nicht wieder zurückbezahlt worden waren. Dies lag vor allem daran, dass es keinen Zwang zum Erzielen von Überschüssen in der Hochkonjunktur gab. Reformen des Stabilitäts- und Wachstumspakts dürften hier ansetzen und die Regel glaubwürdig symmetrisch ausgestalten. Sanktionen könnte es nicht nur geben, wenn das Defizit in schlechter Wirtschaftslage zu hoch ist, sondern auch, wenn die Überschüsse in guten Zeiten zu tief ausfallen. Wie hilfreich eine solche symmetrische Budgetregel sein kann, zeigt das Beispiel der Schweiz. Die vor knapp zehn Jahren durch eine Volksabstimmung in der Verfassung verankerte sogenannte Schuldenbremse zwingt zu einem strukturellen Budgetausgleich über den Konjunkturzyklus hinweg. In guten Zeiten ist der Staat verpflichtet, substanzielle Überschüsse zu erzielen, und das wurde in der Hochkonjunktur der Jahre 2005 bis 2008 auch getan. Dies erlaubte es in der Krise, ein Budget mit einem erwarteten Defizit vorzulegen, ohne die Gesundheit des Staatshaushaltes zu gefährden.[53] Die harte Budgetregel hat dazu beigetragen, dass die Schweiz eines der ganz wenigen Länder ist, die in der Krise keinen Anstieg der strukturellen Staatsverschuldung zu verzeichnen hatten.

Im institutionellen Gefüge der EU wird es zudem Anpassungen geben, um der No-Bailout-Regel wieder Nachachtung zu verschaffen. Mit dem Rettungsschirm wurde diese Regel verletzt, um in der außergewöhnlichen Lage eine Panik auf den Finanzmärkten zu vermeiden. Der Fonds, der diesem Rettungsschirm zugrunde liegt (die *European Financial Stability Facility, EFSF*), ist aber bewusst bis ins Jahr 2013 beschränkt worden, um dem Anschein entgegenzuwirken, dass Länder mit unsoliden Staatsfinanzen einen permanenten Rettungsschirm hätten. Die Verträge des Euroraums sollen deshalb angepasst werden, wie wir in Kapitel 14 ausführen werden.

Die finanzpolitischen Herausforderungen sind aber keinesfalls auf die Länder der Eurozone beschränkt. Außerordentlich ist insbesondere auch die Situation in den USA, wo die Staatsfinanzen seit der Krise zunehmend aus dem Ruder laufen. Die Budgetdefizite sind so hoch, dass die Verschuldung außerordentlich rasant ansteigt. Und das nicht nur auf Bundesebene. Verschiedene Staaten der USA sind dermaßen stark verschuldet, dass ernsthafte Zweifel an ihrer mittelfristigen Zahlungsfähigkeit bestehen. Es ist gut möglich, dass sich die Schuldendynamik in den USA zu einem Problem entwickeln wird, das auf die Weltwirtschaft ausstrahlen könnte.

Abschließend spricht ein weiteres sehr wichtiges Argument für eine möglichst rasche Abkehr vom krisenbedingten Schuldenaufbau in den meisten Ländern. Die Staatshaushalte der reichen Länder werden im kommenden Jahrzehnt stark mit den fiskalischen Konsequenzen der Bevölkerungsalterung zu kämpfen haben. Bei unverändertem Rentenalter wird der deutlich steigende Anteil von pensionierten Personen an der Gesamtbevölkerung zu großen zusätzlichen Verpflichtungen der Staatshaushalte und der Sozialversicherungen führen. Ihre Finanzierung droht die Staatsverschuldung nochmals drastisch zu erhöhen. In Ländern, die nach der Krise mit einem Schuldenberg belastet sind, dürften diese zusätzlichen Verpflichtungen die oben beschriebenen Verdrängungseffekte noch bedrohlicher werden lassen.

14 ZUR ZUKUNFT DER EUROZONE

Die Turbulenzen in der Eurozone konnten nur mit sehr einschneidenden Maßnahmen stabilisiert werden. Der Preis dafür war hoch, wie wir in Kapitel 11 erläutert haben. Nicht nur hatten sich die finanzpolitischen Regeln der Eurozone als ungeeignet erwiesen, eine solche Krise zu vermeiden. Zusätzlich war es als nötig erachtet worden, all diese Regeln über den Haufen zu werfen, um einer drohenden zweiten Finanzkrise im Euroraum entgegenzutreten. Ein «Weiter wie bisher» ist unmöglich, da das bisherige finanzpolitische Gerüst der Währungsunion unglaubwürdig geworden ist. Welcher Staat wäre schon bereit, sich harten Maßnahmen zur Haushaltssanierung zu unterwerfen, wenn er doch weiß, dass er im Notfall von den anderen Euroländern gerettet würde; ein Problem, das wir ähnlich schon von der Analyse der Anreize von großen Banken kennen (Stichwort *too big to fail*). Ohne einschneidende Reformen lässt sich dieses Problem kaum lösen.

Es ist deshalb nur folgerichtig, dass seit mehreren Monaten intensiv diskutiert wird, unter welchen Regeln die Währungsunion in Zukunft operieren soll. Die Vorschläge sind dabei sehr vielfältig. Wir wollen in diesem Kapitel weniger die konkrete Ausgestaltung als vielmehr die grundsätzlichen Stoßrichtungen skizzieren und analysieren. Dabei lassen sich drei unterschiedliche langfristige Strategien unterscheiden:

- Auflösung der bestehenden Währungsunion durch den Austritt eines oder mehrerer Länder,
- zusätzlicher Integrationsschritt in Richtung der (ökonomischen) Vereinigten Staaten von Europa,
- Verbesserung der bestehenden finanzpolitischen Regeln.

Die ersten beiden Varianten stellen dabei die Extremlösungen dar, während die dritte im Wesentlichen versucht, den bisherigen Weg mit wirksameren institutionellen Vorkehrungen fortzusetzen.

Der riskanteste Weg: Auflösung der Währungsunion

Die große Mehrheit der Ökonominnen und Ökonomen war bereits bei der Gründung der Europäischen Währungsunion der Ansicht, dass diese kaum funktionieren könne, da sie kein optimaler Währungsraum sei. Das ging so weit, dass 1998 – unmittelbar vor der Einführung des Euro – 155 renommierte deutschsprachige Wirtschaftswissenschaftler einen offenen Brief publizierten, um vor diesem Schritt zu warnen. Mit den dort verwendeten Argumenten lassen sich die Probleme, vor denen die Eurozone heute steht, im Wesentlichen noch immer beschreiben.

Der Euro war von Anfang an ein politisches Projekt, das nicht wegen, sondern eher trotz ökonomischer Argumente durchgeführt wurde. Nachdem sich jetzt gezeigt hat, dass dieses Projekt nicht wunschgemäß funktioniert, könnte eine offensichtliche Lösung im Übungsabbruch bestehen. Hätte jedes Land wieder seine eigene Währung, so könnten die GIPS-Länder die ihre abwerten und damit ihre Wettbewerbsfähigkeit wieder verbessern. Jedes Land könnte sich dann wieder in seiner eigenen Währung verschulden, womit die gegenseitige Abhängigkeit der Fiskalpolitiken stark reduziert würde.

Dieser Lösungsansatz klingt logisch, berücksichtigt aber nicht, dass der Austritt aus einer Währungsunion unvergleichlich schwieriger ist als der Eintritt in eine solche. Und das ist besonders in Krisensituationen der Fall. Bei einem Eintritt gibt ein Land seine Währung auf, die zu einem vorher festgelegten Kurs durch die neue Gemeinschaftswährung ersetzt wird. So hat etwa Italien 1999 die Lira durch den Euro ersetzt. Möchte nun Italien wieder aus der Währungsunion austreten, müsste das Land eine neue Währung, also etwa die «neue Lira» schaffen. Dabei ergeben sich große Schwierigkeiten angesichts der Tatsache, dass ja der Euro nicht – wie bei Währungsreformen in der Vergangenheit – abgeschafft würde, sondern als Parallelwährung zur neuen Lira weiterbestünde. Wir wollen die Schwierigkeiten, die sich daraus ergeben, illustrieren, indem wir die beiden denkbaren Möglichkeiten einer Aufspaltung des Euroraums betrachten: den Austritt eines finanzpolitisch «schwachen» Landes (also eines der GIPS-Länder) oder eines «starken» Landes (z.B. Deutschland).

Der Austritt eines Landes mit Verschuldungs- und Wettbewerbsfähigkeitsproblemen

Die offensichtlichste Variante ist, dass eines der Länder austritt, die in der Eurozone in große Schwierigkeiten geraten sind. Nehmen wir zum Beispiel an, Griechenland wolle die Drachme wieder einführen. Die zentrale Motivation für diesen Schritt bestünde darin, die neue Währung gegenüber dem Euro abzuwerten; dies mit dem Ziel, die Wettbewerbsfähigkeit der griechischen Wirtschaft zu stärken. Auf diese Weise hatte Griechenland vor der Einführung des Euro jeweils seine wesentlich höhere Inflation gegenüber anderen EU-Ländern wie Deutschland kompensieren können. Das große Problem der Wiedereinführung unter diesen Voraussetzungen ist, dass kein Mensch diese Drachmen würde haben wollen, auf jeden Fall niemand, der Euros besitzt – und das ist in Griechenland momentan die gesamte Bevölkerung! Wer ist schon bereit, eine Währung zu akzeptieren, die nur eingeführt wird, um sie in unbekanntem Ausmaße abzuwerten? Die Behörden müssten ihre Landsleute zwingen, die Euros in Drachmen umzutauschen. Abgesehen davon, dass dies in einem demokratischen Rechtsstaat kaum denkbar wäre, wäre auch die Umsetzung schwerlich möglich. Die Umwandlung müsste nämlich im Geheimen vorbereitet und dann völlig überraschend, buchstäblich innerhalb einer Sekunde, durchgeführt werden. Würde das Vorhaben im Vorfeld in der Bevölkerung bekannt oder würde es Probleme bei der Umsetzung geben, so würde dies augenblicklich zu einem *bank run* auf alle griechischen Banken führen. Alle würden sofort ihre Euroguthaben abheben, im Wissen, dass sie durch die zwangsweise Umwandlung ihrer Eurokonten in Drachmen viel verlieren könnten. Das griechische Bankensystem würde sofort zusammenbrechen, da ja – wie wir aus der bisherigen Diskussion zur Genüge wissen – die Banken nie genügend liquide Mittel haben, um alle Guthaben gleichzeitig auszuzahlen. Es kommt eine weiteres Problem dazu: Alle Verträge und Ansprüche in Griechenland lauten heute auf Euro. Es ginge ein endloses Gezerre los, wie sich diese in eine neue Währungsordnung mit schwächelnden und entsprechend inflationsanfälligen Drachmen überführen ließe. Zu schlechter Letzt würde sich die finanzpolitische Situation des griechischen Staates weiter massiv eintrüben, da er sehr hohe Zinsen auf Drachmenanleihen bezahlen müsste, seine bisherigen Schulden aber weiterhin in Euro hielte. Die Abwertung der Drachme würde somit die Staatsschulden laufend erhöhen. Kurz: Ein Austritt eines GIPS-Landes aus der Eurozone würde aller Voraussicht nach ein Chaos auslösen, das eine Regierung politisch kaum überleben würde. Man kann diese Option deshalb in Krisenzeiten wohl vergessen.

Der Austritt eines wettbewerbsfähigen Landes mit soliden Staatsfinanzen

Die zweite Möglichkeit ist der Austritt eines wettbewerbsfähigen Landes mit soliden Staatsfinanzen. Zum Beispiel könnte Deutschland zur Ansicht gelangen, nicht länger für die Aufrechterhaltung des Euro immer größere Transfers zu anderen Mitgliedsländern tätigen zu wollen. Warum also nicht die weiterhin ausgesprochen populäre D-Mark wieder einführen? Obwohl dies im Inland wohl kaum ein derartiges Chaos auslösen würde wie der gleiche Schritt in Griechenland, gäbe es doch derart erhebliche Risiken, dass auch dieses Szenario unwahrscheinlich ist. Deutschland würde sich damit vor allem aus drei Gründen empfindlich selbst schaden. Erstens würde sich dadurch die Schuldensituation in den verbliebenen Ländern deutlich verschärfen, da der größte, zahlungskräftigste und stabilste Partner die Währungsunion verließe. Dies dürfte die Risikoprämien der Staatsanleihen der restlichen Euroländer, vor allem aber der GIPS-Länder, noch einmal stark in die Höhe treiben und die Gefahr von Staatsbankrotten deutlich erhöhen. Dadurch würde das Risiko einer europaweiten Finanzkrise steigen, wovon wiederum auch deutsche Banken betroffen wären, die zum Teil große Bestände an Staatspapieren anderer Euroländer in ihren Bilanzen haben. Im Extremfall könnte Deutschland durch einen Austritt also gar eine Bankenkrise im eigenen Land auslösen. Zweitens würde sich die neue D-Mark gegenüber dem Euro substanziell aufwerten, was die Wettbewerbsfähigkeit der deutschen Exporteure empfindlich treffen würde. Im ungünstigsten Fall könnte dies in Deutschland eine Rezession auslösen. Und drittens würde ein Austritt Deutschlands mit großer Wahrscheinlichkeit nicht nur das Ende des Euro bedeuten, sondern die europäische Integration als Ganzes gefährden. Ob gerade Deutschland – auch aus historischen Gründen der wichtigste Treiber der europäischen Einigung – dies riskieren würde, ist doch mehr als fraglich.

Aus all diesen Gründen wäre eine Auflösung der Eurozone in Krisenzeiten, in welcher Form auch immer, ein äußerst riskantes Experiment, auf das man sich tunlichst nicht einlassen sollte. Durch die Einführung des Euro sind die Länder – ob sie dies nun wollen oder nicht – vor allem in schwierigen Zeiten wirtschaftspolitisch praktisch auf Gedeih und Verderben aneinandergekoppelt. Denkbar wäre eine Auflösung des Euroraums eigentlich nur in ausgesprochen ruhigen Zeiten ohne größere Ungleichgewichte; und gerade dann wird wohl kaum jemand einen solchen Schritt erwägen wollen.

Der sachlogische Weg: Weitergehende Integration

Man kann aus verschiedenen Gründen anzweifeln, ob der Schritt zur europäischen Währungsunion der Weisheit letzter Schluss war; wir haben die ökonomischen Fragezeichen, ob die Union wirklich einen optimalen Währungsraum darstellt, bereits ausgesprochen. Wenn aber der Schritt zu einer so tief greifenden wirtschaftlichen Integration einmal getan ist, ist es heikel, auf halbem Wege stehen zu bleiben. Die ungelösten Probleme rund um die Eurokrise zeigen das schonungslos auf. Bezüglich der Geldpolitik wurden nämlich Institutionen ähnlich denjenigen eines Nationalstaates geschaffen, in der Fiskalpolitik (und in anderen, wesentlichen Teilen der Wirtschaftspolitik) ist die EU aber immer noch ein mehr oder weniger lockerer Zusammenschluss von souveränen Staaten. Dies schafft eine ständige Spannung zwischen dem innenpolitisch verständlichen Drängen der Mitgliedsstaaten auf wirtschaftspolitische Autonomie und dem Zwang zu sehr weitgehender Zusammenarbeit und gegenseitiger Unterstützung in einer monetären Union. Um diese Spannung zu lösen, wäre es die sachlogische Konsequenz, die wirtschaftliche Integration weiter voranzutreiben und im Bereich der Finanzpolitik den Schritt in Richtung der «Vereinigten Staaten von Europa» zu gehen. Selbst in ausgesprochen föderalistischen Staaten ist ein wesentlicher Teil der Fiskalpolitik immer auf Bundesebene angesiedelt. Es gibt kaum Fälle, in denen eine gemeinsame Währung nicht mit einer gewissen finanzpolitischen Integration einhergeht. Mit ihrem Haushalt, der heute lediglich 1 Prozent des gesamten BIP ausmacht, ist die EU diesbezüglich ein Sonderfall. Sie unterstreicht damit letztlich, dass sie sich trotz gemeinsamer Währung explizit als Zusammenschluss von souveränen Einzelstaaten versteht.

Denkbar wäre, dass die Eurozone sich als Reaktion auf die Krise zu einer Fiskalunion zusammenschließt. Dadurch würde ein wesentlicher Teil der Fiskalpolitik zentralisiert. Das hätte einen starken Ausbau des gemeinsamen Haushalts zur Folge, zudem müsste die Gemeinschaft wohl die Möglichkeit erhalten, Steuern zu erheben. Beides ginge zulasten der Nationalstaaten. Mit einem Ausbau der zentralisierten Finanzkraft wäre auch die Möglichkeit verbunden, einem Mitgliedsstaat in finanziellen Schwierigkeiten deutlich stärker unter die Arme zu greifen, als dies mit dem heutigen bescheidenen Haushalt möglich ist. In diese Richtung geht der Ende 2010 von maßgeblichen europäischen Politikern präsentierte Vorschlag, dass die Gemeinschaft sogenannte Euro-Bonds ausgeben könnte, um mit Schuldenkrisen fertig zu werden. Solche gemeinsamen Anleihen wären letztlich ein großer Schritt in Richtung einer Fiskalunion.

Die Idee von Euro-Bonds hat sehr kontroverse Reaktionen ausgelöst. Insbesondere die fiskalisch starken Länder wie Deutschland wehren sich heftig dagegen. Die Argumentation zeigt dabei die grundsätzlichen Hürden auf, die sich einem Ausbau der Eurozone zu einer Fiskalunion in den Weg stellen. Das ökonomische Hauptproblem wird darin gesehen, dass sich mit einer gemeinsamen Fiskalpolitik große Moral-Hazard-Probleme ergäben, da sich der Anreiz für die Mitgliedsstaaten erhöhen würde, eine unvorsichtige Schuldenpolitik zu verfolgen. Ein großer gemeinsamer Topf würde das Problem verschärfen, dass fiskalpolitisch unsolide Staaten nicht genügend hart bestraft werden – dies lässt sich schwer von der Hand weisen. Es ist kaum davon auszugehen, dass die starken Länder höhere Zinsen akzeptieren würden, nur weil nicht alle Mitgliedsländer einer Fiskalunion gleich solide haushalten. Es müssten also genügend klare fiskalpolitische Regeln eingeführt und durchgesetzt werden. Gelingt dies nicht, würde wohl rasch der Ruf nach gewissen Mindeststandards in anderen haushaltpolitisch relevanten Bereichen wie etwa der Sozialpolitik laut werden. Deshalb ist denkbar, dass eine allfällig verstärkte Integration nicht bei der Fiskalpolitik haltmachen würde, sondern rasch andere wichtige Bereiche der Wirtschaftspolitik betreffen würde.

Auch wenn der Weg in die Fiskalunion angesichts der gemeinsamen Währung logisch wäre, heißt das noch lange nicht, dass er dem politischen Willen der meisten Mitgliedsländer entspricht. Die Übernahme des

Euro erfolgte unter der Prämisse, dass dieser weitere Integrationsschritt auf die Währung beschränkt bliebe; kaum ein Land dürfte bei diesem Entscheid eine Weiterentwicklung zu den wirtschaftspolitischen «Vereinigten Staaten von Europa» einkalkuliert haben.

Der wahrscheinlichste Weg: Anpassung des Regelwerkes

Beide skizzierten Alternativen sind für die meisten Mitgliedsländer wenig attraktiv. Die Auflösung des Euroraums ist aus Sicht der wirtschaftlichen Kosten eine schlechte Option, und eine Fiskalunion ist aus politischer Sicht schwer zu schlucken, da sich die Mitgliedsländer eindeutig als in wichtigen Bereichen souveräne Nationalstaaten verstehen. Es ist deshalb wenig wahrscheinlich, dass in unmittelbarer Zukunft einer dieser beiden Wege beschritten wird.

Vielmehr wird der Ausweg weiterhin darin gesucht, unter Beibehaltung sowohl der gemeinsamen Währung als auch der Kompetenzen der Nationalstaaten die Regeln der Währungsunion zu verbessern; die bisherigen Beschlüsse bestätigen das. Der regelbasierte Ansatz wurde ja nicht zufällig schon bei der Einführung des Euro verfolgt, auch wenn man sich heute einig ist, dass er bisher nicht erfolgreich war.

Ziel der momentan auf dem Tisch liegenden Verbesserungsschritte ist, die Regeln anzupassen, um die in dieser Krise zutage getretenen Schwächen auszumerzen. Die Probleme bestanden erstens darin, dass der Stabilitäts- und Wachstumspakt nicht funktionierte, zweitens, dass sich große makroökonomische Ungleichgewichte aufbauen konnten, und drittens, dass kein geordneter Mechanismus zur Krisenbewältigung zur Verfügung stand. Folgerichtig streben die am 25. März 2011 beschlossenen Reformen erstens die Verschärfung des Stabilitäts- und Wachstumspakts, zweitens die Stärkung der makroökonomischen Überwachung und drittens die Etablierung eines europäischen Krisenmechanismus an.

Verschärfung des Stabilitäts- und Wachstumspakts

Der erste Schritt ist die Verbesserung des Stabilitäts- und Wachstumspakts. Dieser bestand bisher vor allem darin, die Mitgliedsstaaten zu einem Budgetdefizit von unter 3 Prozent des BIP zu verpflichten. Abgesehen davon, dass diese Vorgabe oft nicht eingehalten wurde, war das Problem dabei auch, dass die Länder nicht dazu gezwungen waren, in guter Konjunkturlage Überschüsse zu erzielen, mit denen sich die Defizite schlechterer konjunktureller Zeiten hätten kompensieren lassen. Damit ließ der Pakt zu, dass sich die Schulden der Mitgliedsländer laufend erhöhten. Korrigierende Anpassungen zielen jetzt darauf ab, die Länder auch zur Schuldenreduktion zu verpflichten, was Überschüsse in guten Zeiten bedingt. Ein Schritt in diese Richtung ist der im März 2011 gefällte Beschluss, die Leitplanken der nationalen Haushaltspolitik zu stärken. Um die Problematik zu hoher Staatsverschuldung direkt anzugehen, wurde zudem vereinbart, dass Länder mit einem Schuldenstand von mehr als 60 Prozent des BIP die Verschuldung nach einer vorgegebenen Formel jährlich zu reduzieren haben. Ein zweites Problem des Stabilitäts- und Wachstumspakts bestand darin, dass Länder, welche die Vorgaben nicht einhielten, nie bestraft wurden; die dafür notwendigen Beschlüsse aller Euroländer waren nicht zu erhalten, sodass die Sanktionsdrohung im Endeffekt zahnlos war. Diese Regelung wird nun ebenfalls angepasst, indem Sanktionen bei der Überschreitung gewisser Schwellen automatisch erfolgen sollen.

Stärkung der makroökonomischen Überwachung

Der zweite Ansatzpunkt ist eine stärkere Überwachung von makroökonomischen Ungleichgewichten. Dies setzt beim Problem an, dass sich – wie in Kapitel 8 beschrieben – im Vorfeld der Krise große Leistungsbilanzungleichgewichte aufbauen konnten. Wegen der gemeinsamen Währung lassen sich diese Ungleichgewichte nicht mehr mit einer einfachen Abwertung einer Landeswährung bekämpfen. Vielmehr müssten Länder wie Griechenland jahrelange schmerzhafte Preis- und vor allem Lohnreduktionen durchsetzen, um die Wettbewerbsfähigkeit ihrer Exporte gegenüber den starken Euroländern wiederherzustellen. Da eine solche Deflation in aller Regel mit einer jahrelangen Rezession verbunden wäre, ist es außerordentlich sinnvoll, solche Situationen gar nicht erst entstehen zu lassen. Von der unbestrittenen Einsicht, dass allzu große Ungleichgewichte zu vermeiden sind, zu konkreten Maßnahmen ist es aber ein weiter Weg. Makroökonomische Ungleichgewichte lassen sich deutlich weniger einfach feststellen als Budgetdefizite, sodass schon ein eindeutiger Befund des Problems schwierig ist. Noch schwerer ist es, ein Land in einem künstlichen Boom wie etwa Griechenland nach Übernahme des

Euro (vgl. Kapitel 8) dazu zu bewegen, die Wirtschaft rechtzeitig – etwa mit restriktiver Finanzpolitik – abzukühlen. Trotzdem unternimmt die Eurozone zumindest den Versuch, indem eine Überwachung von makroökonomischen Ungleichgewichten eingeführt werden soll. Über mahnende Berichte der EU-Kommission dürfte dies aber am Ende wohl kaum hinausgehen.

Etablierung eines europäischen Krisenmechanismus

Der dritte Reformbereich schließlich betrifft das Krisenmanagement. Seit Anfang 2010 ist die Eurozone mit permanenter Krisenbekämpfung beschäftigt und hangelt sich von einer Ad-hoc-Maßnahme zur nächsten. Der Grund für diese Improvisation ist, dass bei der Gründung der Währungsunion eine derartige Krisenbekämpfung explizit ausgeschlossen wurde. Die No-Bailout-Regel besagt ja, dass die Mitgliedsstaaten bei Finanzierungsproblemen nicht mit der Hilfe der Eurozone rechnen dürfen; damit soll der Anreiz zu Moral-Hazard-Verhalten reduziert werden. Als die Eurostaaten diese Regel schließlich brachen, waren sie kaum darauf vorbereitet. Um dies in Zukunft zu vermeiden, wurde beschlossen, den heutigen Rettungsschirm, der 2013 ausläuft, durch ein permanentes Krisenbewältigungsinstrument zu ersetzen. Dieser sogenannte Europäische Stabilitätsmechanismus (ESM) soll in Zukunft unter scharfen Vorgaben Notkredite an Mitgliedsstaaten vergeben können, die in Liquiditätsprobleme geraten. Der ESM wird als *lender of last resort* für Staaten funktionieren, also die Rolle übernehmen, welche die Zentralbanken bei Liquiditätsproblemen von Geschäftsbanken auf nationaler Ebene haben. Ganz gemäß dieser Philosophie soll aber der ESM bei Solvenzproblemen – wie sie in der Eurokrise ohne Zweifel für gewisse Länder bestehen – keine Unterstützung geben. Wie wir wissen, wurden aus Angst vor einer zweiten Bankenkrise 2010 auch an nicht mehr völlig solvente Länder Hilfskredite vergeben. Sollte dies unter dem neuen Regime nach 2013 wieder geschehen, dann nur unter der Auflage, dass die privaten Gläubiger der Staaten einen Teil der Kosten übernehmen würden. Dieser Punkt war sehr umstritten, wurde aber auf Drängen fiskalpolitisch starker Länder in der Ausgestaltung des ESM berücksichtigt. Aus ökonomischer Sicht ist völlig unbestritten, dass private Gläubiger Verluste tragen müssen, wenn sie in falscher Einschätzung der Lage Kredite an zweifelhafte

Schuldner vergeben. Würde der ESM und damit der Staat die vollen Kosten tragen, so wäre das geradezu eine Einladung, bei der Kreditvergabe übermäßige Risiken einzugehen. Aus diesem Grund werden alle von Eurostaaten nach Mitte 2013 ausgegebenen längerfristigen Schulden eine explizite Klausel vorsehen. Diese besagt, dass ein insolventer Staat zuerst mit den Gläubigern über eine Umschuldung (etwa in Form von teilweisem Forderungsverzicht) verhandeln muss, bevor er Zugang zu ESM-Hilfe hat. Diese von vornherein explizit vorgesehene Beteiligung der privaten Gläubiger ist der zentrale Unterschied zwischen dem heutigen Rettungsschirm und dem ab 2013 operierenden ESM.

SCHLUSSWORT: WIRKLICH EINE WIRTSCHAFTSKRISE OHNE ENDE?

Der Beginn der großen Krise jährte sich im Sommer 2012 zum fünften Mal, die Antwort auf die Frage im Titel ist aber nach wie vor nicht klar. Haben wir das Schlimmste hinter uns, oder handelt es sich wirklich um eine Wirtschaftskrise, deren Ende auch nach so langer Zeit nicht absehbar ist?

Für die optimistische Interpretation spricht die Tatsache, dass sich die heutige Situation deutlich von der Lage im Jahr 1934 – also fünf Jahre nach Beginn der Großen Depression – unterscheidet. Nach anfänglich ähnlich dramatischem Verlauf haben die beiden größten weltweiten Wirtschaftseinbrüche der letzten hundert Jahre sehr unterschiedliche Wendungen genommen. Während es in den 1930er-Jahren jahrelang praktisch ungebremst weiter nach unten ging, erreichte der Einbruch der Weltwirtschaft in der aktuellen Krise relativ rasch die Talsohle, seit gut zwei Jahren weisen viele Länder wieder positive Wachstumsraten auf. Zwar war die Krise so schwer, dass in den meisten Ländern das Vorkrisenniveau des BIP noch nicht wieder erreicht wurde, die Dynamik hat sich aber doch eindeutig zum Besseren gewendet. Für die relative Einschätzung der beiden historischen Krisen besonders bedeutend sind dabei die deutlichen Unterschiede in der Entwicklung der Arbeitslosigkeit. Sie verharrt zwar etwa in den USA und in vielen EU-Ländern auf einem im langjährigen Vergleich schmerzhaft hohen Niveau, ist aber in dieser Krise insgesamt doch deutlich weniger dramatisch angestiegen als während der Großen Depression. Auch wenn sich die Prognosen im Sommer 2012 eingetrübt haben, könnte man insgesamt zur Ansicht gelangen, dass das Schlimmste dieser Krise überstanden sei.

Leider gibt es aber doch eine ganze Reihe von Faktoren, die zu einer vorsichtigeren Einschätzung mahnen. Eine zweite Große Depression konnte zwar abgewendet werden, aber die Kosten der Krisenbekämpfung waren außerordentlich hoch und könnten den Keim für weitere krisenhafte Entwicklungen in sich tragen. Da sind zunächst einmal die offensichtlichen Kosten für die staatlichen Haushalte zu nennen. Zahlreiche

Länder hat die Kombination aus krisenbedingt einbrechenden Staatseinnahmen und massiven Ausgabenerhöhungen zur Krisenbekämpfung an den Rand des Staatsbankrotts gebracht. Die europäische Schuldenkrise ist nur die offensichtlichste Folge dieser Entwicklung. Die Tatsache, dass im Herbst 2011 die Sorge um eine kaum vermeidbar scheinende Umschuldung Griechenlands bereits wieder die Schlagzeilen dominierte, zeigt, dass diese Krise noch nicht ausgestanden ist. Aber auch die finanzielle Situation in den USA auf Bundes- und Einzelstaatenebene ist so besorgniserregend, dass hier ohne Weiteres der nächste große Krisenherd entstehen könnte. Es wird jedenfalls noch Jahre dauern, bis sich die Staatshaushalte erholt haben werden und sich die Lage normalisiert hat.

Weniger direkt sichtbar, aber ebenso herausfordernd ist die Situation in der Geldpolitik. Die Krise wurde von den Zentralbanken in einer präzedenzlos aggressiven Weise bekämpft, und die Geldmenge wurde so extrem ausgeweitet, dass die Weltwirtschaft heute buchstäblich in Liquidität schwimmt. Das offensichtliche Risiko dieser Situation liegt in einem möglichen Inflationsschub, wenn es nicht gelingt, die Schleusen rechtzeitig wieder zu schließen. Es besteht auch die nicht zu unterschätzende Gefahr, dass die «nach Anlagemöglichkeiten suchende» Liquidität die nächsten Finanzmarktblasen entstehen lassen könnte. Denkbar wäre dies beispielsweise bei den Rohwaren oder in den boomenden Schwellenländern; die Aussichten werden hier zum Teil so euphorisch beurteilt, dass ungute Erinnerungen an die Anfänge der fatalen Immobilienblase aufkommen.

Neue Blasen wären dann weniger bedrohlich, wenn das Bankensystem genügend kapitalisiert wäre und die Regulierung die Banken zu Vorsicht bei Geschäften auf eigene Rechnung zwingen würde. Zwar sind mit «Basel III» erste Schritte in diese Richtung unternommen worden, aber insgesamt scheint das weltweite Bankensystem noch nicht genügend stressresistent zu sein. Dies insbesondere auch vor dem Hintergrund der Tatsache, dass das Too-big-to-fail-Problem in den allermeisten Ländern noch einer Lösung harrt. Zusätzlich besteht eine große Herausforderung der Bankenregulierung darin, ein Auslagern riskanter *leverages* auf das unregulierte Schattenbankensystem zu verhindern. Man darf nicht vergessen, dass die Krise ihren Anfang im unverantwortlichen Verhalten von unregulierten Tochtergesellschaften zahlreicher Banken nahm. Die glaubwürdige Ausdehnung der Regulierung auf solche Institutionen gehört zu den dringlichen, aber noch weitgehend ungelösten Herausforderungen für die zukünftige Wirtschaftspolitik.

Es ist kaum ein Zufall, dass bei dieser zusammenfassenden Einschätzung die Risiken deutlich mehr Raum einnehmen. Noch bestehen zu viele Unsicherheiten, als dass man die Wirtschaftskrise abhaken könnte. Das Glas scheint nach wie vor eher halb leer als halb voll zu sein. Erst wenn die in dieser Krise offensichtlich gewordenen oder durch sie verursachten Probleme nachhaltig gelöst sind, kann sich die Wirtschaftspolitik mit gutem Gewissen wieder anderen Themen zuwenden. Mit der Bevölkerungsalterung, der Klimaproblematik oder der Frage der Energieversorgung besteht ja kein Mangel an großen, langfristig relevanten wirtschaftlichen Herausforderungen.

ANHANG

ANMERKUNGEN

I Ablauf und Hauptdarsteller der Krise

1 Barry Eichengreen und Kevin O'Rourke (2010): *A Tale of Two Depressions*, VoxEu.org. Online: www.voxeu.org/index.php?q=node/3421 (Abruf: 3.4.2011).

2 Man spricht hier von Eigenhandel, weil die Papiere Eigentum der Bank sind; deshalb erscheinen sie auf der Aktivseite der Bankbilanz. Davon zu unterscheiden ist das wichtige Geschäft der Vermögensverwaltung, bei dem die Bank Vermögen von Kunden bewirtschaftet. Auch wenn sie bei der Anlage dieser Vermögen oft Wertpapiere kauft und verkauft, gehören ihr diese Papiere nicht – sie tauchen deshalb auch nicht in der Bilanz auf. Die Bank verdient hier an der Gebühr, die sie von der Kundschaft für die Vermögensverwaltung erhält.

3 Die Bank wird in dieser Situation versuchen, andere Aktiven (also Wertpapiere und Kredite) zu verkaufen, um an Liquidität zu kommen. Bei anerkannten Wertpapieren, die auf Märkten gehandelt werden, ist dies in der Regel gut möglich; es sei denn, viele andere Banken hätten das gleiche Problem. Dann nämlich wird eine Verkaufswelle ausgelöst, wodurch die Preise der Papiere ins Bodenlose fallen. Bei Problemen einer einzelnen Bank wird dies kaum der Fall sein, wohl aber bei einer Systemkrise. Dann müssen die Wertpapiere zu viel tieferen Preisen verkauft werden, als sie in den Büchern stehen. In einer Finanzkrise wird deshalb Liquidität plötzlich sehr knapp und teuer. Dazu kommt, dass die anderen Aktiven, insbesondere die Kredite, sehr schwer kurzfristig verkäuflich sind, was sich in einer Krise noch verschlimmert. Man sieht: Das Liquiditätsmanagement gehört – insbesondere in Krisenzeiten – zu den wichtigsten Aufgaben einer Bank.

4 Genauer läuft der Prozess wie folgt ab: Die Bank muss Wertberichtigungen bilden, die dann mit den Gewinnen verrechnet werden. Reichen die Gewinne nicht aus, um die Wertberichtigungen zu decken, wird das Eigenkapital dadurch um die entsprechende Differenz reduziert.

5 So wurde etwa in den USA vor der Krise die Vorschrift eliminiert, die es Banken verbot, gleichzeitig in der Kreditvergabe und im Investmentbanking (inklusive Eigenhandel) tätig zu sein. Dieser berühmte sogenannten Glass-Steagall-Act war nach der Großen Depression eingeführt worden, um die Gefahren zu dämpfen, die aus der Risikofreude der Banken entstehen können.

II Der US-Häusermarkt als Auslöser der Krise

6 Carmen Reinhart und Kenneth Rogoff (2010): *Diesmal ist alles anders: Acht Jahrhunderte Finanzkrisen*, München: Finanzbuch Verlag.

7 Das Beispiel stammt aus Daniel Mohr (2008): *Das Elend der New Economy*, in: Gerald Braunberger und Benedikt Fehr (Hrsg.): *Crash: Finanzkrisen gestern und heute*, Frankfurt am Main: Verlag Frankfurter Allgemeine Zeitung.

8 Eine Einführung zur Geldpolitik findet sich in Aymo Brunetti (2009): *Volkswirtschaftslehre – Eine Einführung für die Schweiz* (2. Auflage), Bern: hep verlag, Kapitel 10; Erläuterungen zu Deflationen finden sich in Kapitel 9.

9 Der heutige Chef der US-Zentralbank, Ben Bernanke – damals noch einfaches Mitglied des Fed-Boards – spielte dabei eine entscheidende Rolle. In einer inzwischen berühmten Rede zitierte er 2002 das Beispiel von Japan in den 1990er-Jahren, um vor einem zu starken Einbruch der gesamtwirtschaftlichen Nachfrage zu warnen, der eine normale Rezession in eine Deflationsspirale verwandeln könnte. Bernanke war als Wissenschaftler der wohl führende Spezialist für die Analyse der Großen Depression, weshalb seine Befürchtungen sehr ernst genommen wurden. Die Rede von Bernanke findet sich auf der Internetseite des Fed unter: www.federalreserve.gov/boardDocs/speeches/2002/20021121/default.htm.

10 Der «normale» Zinssatz wird übrigens als «Taylor-Regel» bezeichnet. Der amerikanische Makroökonom John Taylor hatte sie zu Beginn der 1990er-Jahre für die Gestaltung der Geldpolitik vorgeschlagen. Die Regel leitet sich aus einer Formel ab, die es erlaubt, auf Basis der Erfahrungen in der Vergangenheit genaue Werte für das der jeweiligen Wirtschaftslage angemessene Zinsniveau festzulegen. Vereinfacht ausgedrückt, besagt sie, dass die Zinsen erhöht werden sollten, wenn die Inflation anzusteigen beginnt, und gesenkt, wenn die Wirtschaft zu wenig ausgelastet ist.

11 Eine ausführlichere Diskussion der hier nur kurz angetönten Zusammenhänge zwischen Geldpolitik, Handelsströmen und Wechselkursen findet sich in Brunetti (2009), Kapitel 11.

12 Der Begriff «Innovation» ist hier in Anführungszeichen gesetzt, da es sich sowohl bei der Verbriefung als auch bei der Strukturierung nicht um völlig neue Instrumente handelte. Innovativ war allerdings die derart breite Anwendung und starke internationale Verbreitung der daraus resultierenden Papiere.

13 «Durch ein reales Objekt gesichertes Wertpapier», so eine wenig elegante Übersetzung. Das reale Objekt kann irgendeine Wertanalage sein, die einen regelmäßigen, fixen Ertrag bringt. Im hier relevanten Fall waren diese Wertanlagen Hypotheken.

14 Es ist wichtig, die «Konstruktion» dieser Papiere von den Investitionen in solche Papiere zu unterscheiden. Konstruiert wurden sie meist von Tochtergesellschaften der Investmentbanken – sogenannten *special purpose vehicles* (SPV). Die Auslagerung in solche Gesellschaften erlaubte es den Investmentbanken, Investitionen in diese Papiere zu vermitteln oder zu tätigen, ohne die Papiere mit Eigenkapital unterlegt zu haben. Die SPV finanzierten sich also zu 100 Prozent mit Fremdkapital und bildeten deshalb ein unreguliertes Schattenbankensystem. Diese Möglichkeit zur Vermeidung von eigentlich vorgeschriebener Eigenkapitalunterlegung risikobehafteter Geschäfte war aus heutiger Sicht ein weitreichender Regulierungsfehler. Die Tatsache, dass die Banken diese Papiere nicht nur konstruierten, sondern direkt oder

indirekt auch in großer Menge hielten – also in sie investierten –, exponierte die Banken in hohem Maß und war somit für den weiteren Verlauf der Krise entscheidend.

15 Der Beitrag wurde in der US-amerikanischen Radiosendung *This American Life* unter dem treffenden Titel *The Giant Pool of Money* am 5. September 2008 erstmals gesendet. Eine Printfassung findet sich in der lesenswerten Ausgabe der Zeitschrift *NZZ Folio*, 1/2009, zum Thema *Die Finanzkrise*.

16 Bei der Ausweitung der Hypothekarkredite spielte sicherlich auch eine gewisse Rolle, dass die Förderung des Wohneigentums zumindest seit den 1980er-Jahren ein erklärtes Ziel der US-amerikanischen Wirtschaftspolitik war und dass dieses Ziel mit zunehmend interventionistischen wirtschaftspolitischen Maßnahmen verfolgt wurde. Eine wichtige Rolle spielten dabei die staatlich «gesponserten» Hypothekarunternehmen Fannie Mae und Freddy Mac, die gewaltige Summen in Hypotheken minderer Qualität angelegt hatten. Beide Institute kamen in der Krise auch in größte Schwierigkeiten und mussten durch den Staat gerettet werden. Wie wichtig die Rolle der staatlich subventionierten Kreditvergabe für die Entstehung der Krise war, ist umstritten; zweifellos begünstigte sie aber die Tendenz, Subprime-Kredite salonfähig zu machen.

17 Auf dem Höhepunkt der Blase mussten auch schlechte Schuldner oft gar kein eigenes Kapital mehr aufbringen. Zum Teil stieg die Belehnung sogar auf über 100 Prozent des Hauswerts an, sodass die Kreditnehmer andere Ausgaben – etwa für Autos oder Ferien – über eine Aufstockung der Hypothek finanzieren konnten. Der Glaube an ständig weiter steigende Häuserpreise war so groß, dass gewisse Banken auch die elementarsten Vorsichtsregeln über Bord warfen.

18 In den USA spielten in diesem Prozess die Broker eine wichtige Rolle. Sie führten die Haushalte und die Hypothekenbanken zusammen und erhielten dafür eine erfolgsabhängige Provision. Sie hatten also einen starken Anreiz, möglichst viele Haushalte zur Aufnahme einer Hypothek zu überreden, trugen sie selbst dabei doch keinerlei Risiken.

19 Thomas Philippon und Ariell Reshef (2009): *Wages and Human Capital in the U.S. Financial Industry 1909–2006*, NBER Working Paper No. 14644, Cambridge MA: National Bureau of Economic Research.

20 In einigen Fällen handelte es sich zudem nicht nur um Unvorsichtigkeit, sondern schlicht um Betrug. So vertuschten gewisse Broker bei der Vermittlung von Hypotheken systematisch die tatsächlichen Verhältnisse.

21 Bei einer Festhypothek hingegen ist der Zinssatz im Voraus für eine bestimmte Zeit festgesetzt. Die variablen Zinsen wurden bei zahlreichen Subprime-Verträgen auch noch mit sogenannten Köderraten *(teaser rates)* versehen. Dabei wurde die Aufnahme einer Hypothek zusätzlich attraktiver gemacht, indem die Zinsen zu Beginn der Laufzeit sehr niedrig festgesetzt wurden und erst mit der Zeit anstiegen.

22 Auch wenn sich die rechtlichen Konsequenzen dieses Schritts in Grenzen hielten, muss man sich bewusst sein, dass die erzwungene Aufgabe ihrer Häuser für zahlreiche einkommensschwache Haushalte ein traumatisches Ereignis war. Neben allen

makroökonomischen Konsequenzen ist es wichtig, sich bei der Beurteilung der Immobilienblase auch die enttäuschten Hoffnungen und Erwartungen zahlreicher, alles andere als begüterter Familien vor Augen zu halten.

23 Die Unsicherheit wurde noch dadurch massiv verstärkt, dass Investmentbanken in großem Stil dazu übergegangen waren, aus den einzelnen Tranchen der ABS weitere strukturierte Wertpapiere zu schaffen; diese wurden oft als CDO *(collateralized debt obligations)* bezeichnet. Dabei wurden zum Beispiel die mit B bewerteten «mittleren» Tranchen zahlreicher ABS zusammengenommen und daraus wieder ein strukturiertes Produkt geschaffen; ein Teil der Tranchen dieser CDO erhielt dann wiederum ein AAA-Rating, was ja gerade die Absicht der problematischen Übung war. Solche Verbriefungskaskaden wurden zum Teil noch weiter getrieben und enthielten manchmal sogar drei oder mehr Stufen. Dies konnte so weit führen, dass einer einzelnen CDO Zehntausende und im Extremfall gar Millionen von Hypotheken und Krediten zugrunde lagen. Das Ziel dabei war dabei, immer größere Mengen von AAA-Papieren zu schaffen, um die große Nachfrage in der Boomperiode zu befriedigen.

24 Anlagekommentar 252 vom 8. Oktober 2007 der Bank Wegelin & Co; wiederabgedruckt in Konrad Hummler (2011): *Versuch, Irrtum, Deutung: Anlagekommentare 1990–2010*, Zürich: Orell Füssli Verlag.

III Die Krise wird global

25 *NZZ Folio* 1/2009.

26 Der LIBOR *(London interbank offered rate)* ist der Zinssatz für kurzfristige, ungedeckte Kredite zwischen Banken auf dem Geldmarkt, also Kredite, für die keine Sicherheiten hinterlegt werden. Der OIS *(overnight index swap)* ist der Zinssatz für kurzfristige, gedeckte Kredite, also Kredite, die mit Wertpapieren gesichert sind. Der spread (= Differenz) misst den Abstand zwischen diesen Zinssätzen. Je höher er ist, desto weniger risikobereit sind die Investoren; ohne Sicherheiten geben sie also nur Kredite, wenn sie für das Risiko eine höhere Entschädigung erhalten.

27 Der Kollaps von Lehman Brothers erwies sich auch deshalb als so traumatisch, weil besonders viele Banken mit diesem Unternehmen Geschäftsbeziehungen unterhalten hatten. Zudem waren sie aufgrund der komplizierten Produkte unsicher über das wirkliche Ausmaß ihrer Risikopositionen. In diesem Zusammenhang wird auch von *too interconnected to fail* gesprochen: Lehman Brothers war zwar nicht die größte Bank, aber sie war außerordentlich stark mit den anderen Banken verflochten.

28 Oft hielten die Banken diese ABS zu Beginn der Krise nicht in ihren eigenen Büchern, sondern lagerten sie in eigens zu diesem Zweck gegründete Tochtergesellschaften aus, die *special purpose vehicles* (SPV). Die Banken hatten ihren SPV aber bei der Gründung Garantien für den Fall gegeben, dass sie in Zahlungsschwierigkeiten kämen. Solche Schwierigkeiten wurden für sehr unwahrscheinlich gehalten, da ja der Zugang zu liquiden Mitteln auf dem Geldmarkt (also die Möglichkeit zu laufender Erneuerung der kurzfristigen Schulden) unbeschränkt schien. Dies erwies sich als drastische Fehleinschätzung, denn als die SPV im Verlauf der Krise in Finanzierungs-

probleme gerieten, mussten sie auf die Garantien der Mutterbanken zurückgreifen. Die Banken waren also gezwungen, mit ihren Mitteln einzuspringen und damit die «vergifteten» Papiere de facto in die eigene Bilanz zu nehmen. Wir haben deshalb vereinfachend alle ABS direkt in der Bankbilanz aufgeführt.

29 Genauer kommt das sogenannte Niederstwertprinzip zur Anwendung. Dieses besagt, dass die Bank ihr Vermögen (also ihre Aktiven) entweder zum Marktwert oder zu den Anschaffungskosten bewerten muss und dabei immer der niedrigere der beiden Werte zu verwenden ist. Ist die Lage schlecht, so werden die Marktwerte stark sinken, und die Bank ist deshalb gezwungen, *mark to market* anzuwenden, also ihre Wertpapierbestände zu diesem tiefen Wert in der Bilanz auszuweisen.

30 In Wirklichkeit lässt sich meist nicht präzise bestimmen, welche Passivposition der Banken eine Aktivposition finanziert. Für unsere Analyse ist dies jedoch nicht maßgebend; wichtig ist die entscheidende Rolle, die den Geldmarktschulden in dieser Krise zukam.

31 Eine Einführung zur volkswirtschaftlichen Analyse von Konjunkturschwankungen findet sich in Brunetti (2009), Kapitel 8 und 15.

32 Wir können übrigens auch die Quelle dieses Problems an der vereinfachten Bankbilanz aufzeigen. Eine Bank, die Mühe hat, genügend Fremdkapital aufzutreiben, hat kaum mehr die Möglichkeit, zusätzliche Kredite zu vergeben. Sie wird vielmehr versuchen, alles, was nicht außerordentlich liquide ist, auf ihrer Aktivseite zu vermeiden; und Kredite sind wenig liquide.

33 Präziser geht es um die Nettoexporte, also um die Exporte abzüglich der Importe. Die Importe müssen abgezogen werden, da sie zwar eine Nachfrage im Inland darstellen, aber eben nicht eine Nachfrage nach im Inland produzierten Gütern. Damit führen Importe nicht zu einer höheren Auslastung der inländischen Kapazitäten, wirken also einer Rezession im Inland nicht entgegen. Bei einem starken Einbruch des Welthandels werden sowohl Exporte als auch Importe stark zurückgehen, sodass der Effekt auf die Nettoexporte unklar ist. Aber selbst wenn die Nettoexporte nicht betroffen sind, weil Exporte und Importe gleich stark fallen, bleibt ein dadurch indirekt ausgelöster starker Rückgang der inländischen Wirtschaftstätigkeit; dieser wird sich vor allem in einem Rückgang der Investitionen und der Nachfrage nach langlebigeren Konsumgütern manifestieren. Damit verursacht ein Einbruch des Außenhandels in jedem Fall einen negativen Effekt auf das BIP.

34 Mit Überschussländern sind hier Belgien, Deutschland, Frankreich, die Niederlande und Österreich gemeint.

IV Die Reaktionen der Wirtschaftspolitik

35 Barry Eichengreen und Kevin O'Rourke (2012): *A Tale of Two Depressions Redux*, VoxEu.org. Online: www.voxeu.org/article/tale-two-depressions-redux (Abruf: 30.7.2012).

36 Diese sogenannten Diskontkredite spielen übrigens auch bei der traditionellen Geldpolitik eine Rolle. Die Zentralbank kann mit dem Diskontsatz – dem Zinssatz, den

sie für diese Geschäfte verlangt – die Geldmenge indirekt steuern. Je höher dieser Zinssatz festgesetzt wird, desto mehr Liquidität werden die Banken halten, um eine teure Kreditaufnahme bei der Zentralbank zu vermeiden. Damit vergeben die Banken weniger Kredite, was die Geldmenge reduziert. Ein höherer Diskontsatz entspricht damit einer restriktiveren Geldpolitik. In einer Liquiditätskrise dagegen wird dieses Instrument nicht zur Steuerung der Geldmenge verwendet, sondern um illiquiden Banken Mittel zuführen zu können. Entsprechend erhalten die Banken die kurzfristigen Kredite zu sehr günstigen Konditionen.

37 In der Finanzkrise wurde der Effekt noch verstärkt durch die Tatsache, dass es sich bei den Wertpapieren oft um ABS handelte, über deren Werthaltigkeit ohnehin starke Zweifel bestanden.

38 Allerdings ist es in einer Krisensituation alles andere als einfach, anhand einer Bilanz Illiquidität eindeutig von Insolvenz zu unterscheiden.

39 Wir nehmen hier vereinfachend an, dass die Bank keine Gewinne gemacht hat, die sie mit den Abschreibungen verrechnen könnte. Dann widerspiegelt sich die Abschreibung auf den Wertpapieren in vollem Ausmaß in einem Eigenkapitalverlust.

40 Zur Analyse wirtschaftspolitischer Instrumente zur Bekämpfung eines Konjunktureinbruchs und zu den Grenzen dieser Methoden siehe Brunetti (2009), Kapitel 8.

41 Die Nullzinsgrenze ist übrigens einer der Gründe dafür, dass Ökonominnen und Ökonomen eine Deflation als noch bedrohlicher einschätzen als eine Inflation. Da es keine obere Grenze gibt, lässt sich eine Inflation über das Zinsinstrument immer bekämpfen; man kann den Zinssatz theoretisch ohne Weiteres auf 100 Prozent oder höher ansetzen (was natürlich außerordentlich einschneidend wäre). Bei der Deflation aber ist die Wirksamkeit dieser Art von Geldpolitik bei einem Zinssatz von null Prozent zu Ende; er kann nicht weiter gesenkt werden.

42 Eine derartige Beeinflussung des Wechselkurses ist in einer weltweiten Rezession natürlich ein umstrittenes Instrument; da der Wechselkurs ein relativer Preis zwischen zwei Währungen ist, bedeutet eine Abwertung der einen automatisch eine Aufwertung der anderen Währung. Und eine Aufwertung will in einer solchen Situation jedes Land verhindern. Bei einem übermäßigen Einsatz dieses Instrumentes droht deshalb ein Abwertungswettlauf, bei dem jedes Land auf Kosten des anderen seine Exporte zu stimulieren versucht. Eine solche Situation ist von der internationale Staatengemeinschaft unbedingt zu verhindern, weil ein derartiges Nullsummenspiel die Beziehungen zwischen den Ländern unnötig vergiften kann. Die Periode der Großen Depression in den 1930er-Jahren hat hier sehr unschönes Anschauungsmaterial geliefert.

43 Ein Beispiel ist etwa die Arbeitslosenversicherung. In der Rezession steigen ihre Ausgaben (weil es mehr Arbeitslose gibt), und gleichzeitig sinken die Einnahmen (weil weniger Arbeitsstunden geleistet werden und damit die Lohnbeiträge insgesamt sinken). Ohne dass ein expliziter politischer Entscheid nötig wäre, erleidet diese Versicherung in der Rezession ein Defizit, was die gesamtwirtschaftliche Nachfrage positiv beeinflusst. In der Hochkonjunktur hingegen laufen die Effekte genau

umgekehrt, es wird ein Überschuss erzielt und damit die gesamtwirtschaftliche Nachfrage wie gewünscht gedämpft.

44 Idealerweise sollten solche Fiskalpakete so ausgestaltet sein, dass sie rasch wirken *(timely)*, nach der Krise wieder auslaufen *(temporary)* und bei derjenigen Nachfragekomponente ansetzen, die von der Krise besonders getroffen wird *(targeted)*. In der wirtschaftspolitischen Praxis spricht man wegen der englischen Anfangsbuchstaben dieser Anforderungen oft von den «drei T».

V Ausblick: Große Herausforderungen

45 Nur eine *leverage ratio* zu haben und auf Risikogewichtung gänzlich zu verzichten, wäre zwar sehr einfach, würde aber die Bank zu riskantem Verhalten geradezu auffordern. Werden alle Aktiven risikomäßig gleich gewichtet, lohnt es sich für die Bank, einen großen Anteil hoch rentabler, aber eben auch hoch riskanter Anlagen zu halten. Eine solche Strategie wird durch eine risikogewichtete Kapitalanforderung unterbunden. Eine effiziente Regulierung braucht also die Kombination beider Ansätze.

46 Ein zusätzliches Risiko kann entstehen, wenn die Bank so groß ist, dass sie der Heimatstaat unter Umständen gar nicht retten könnte, weil die Staatsfinanzen dazu nicht ausreichen würden. Eine Großbank ist dann sozusagen *too big to be rescued* (zu groß, um gerettet zu werden). Kleine Staaten mit großen Banken haben das Problem in besonderem Maß. So weisen etwa die beiden Schweizer Großbanken UBS und Credit Suisse Bilanzsummen auf, die deutlich größer sind als das Schweizer BIP.

47 «Überschuss» im Sinne von «über das hinaus, was an Mindestreserven regulatorisch vorgeschrieben ist». Diese Daten und ihre Analyse stammen aus Herbert Grubel (2011): *Will There be a Great Inflation in the Wake of the 2008 Recession?*, Burnaby: Simon Frazer University. Online: http://papers.ssrn.com/sol3/papers.cfm?abstract_id=1769127 (Abruf: 27.4.2011).

48 Für den Zusammenhang zwischen der Kreditvergabe und der Geldmengenentwicklung – also den sogenannten Geldschöpfungsmultiplikator – siehe die Beschreibung in Brunetti (2009), Kapitel 10.

49 Zur Analyse der Staatsverschuldung siehe Brunetti (2009), Kapitel 12.

50 Die Berechnungen sind eine Aktualisierung der Zahlen aus Christoph Schaltegger und Mark Weder (2010): *Herausforderungen der Finanzpolitik*, in: Ernst Baltensperger, Dirk Niepelt und Boris Zürcher (Hrsg.): *Wirtschaftspolitik nach der Krise*, Bern: Studienzentrum Gerzensee.

51 Die Befürchtung besteht darin, dass der Staat versucht sein könnte, eine zu expansive Geldpolitik zu erwirken, damit der Realwert der Schuld sinkt. Der Mechanismus ist dabei der folgende: Wenn ich mich mit 1000 Franken verschulde und darauf 5 Prozent Zins bezahlen muss, so schulde ich pro Jahr 50 Franken. Wenn nun die Inflation zu einer angenommenen jährlichen Verdoppelung aller Preise führt, dann sind die 50 Franken Zinszahlung nach einem Jahr nur noch halb so teuer. Auch die Rückzahlung der 1000 Franken ist real viel billiger, wenn die Inflation in der Zwischenzeit hoch war. Unerwartet hohe Inflation führt somit immer zu einer Um-

verteilung von den Gläubigern zu den Schuldnern. Nach Kriegen entledigten sich Staaten ihrer Schulden oft durch eine extrem hohe Inflation; in einer Hyperinflation lassen sich nominell sehr hohe Schulden äußerst billig zurückzahlen. Formell sind viele Notenbanken in ihrer Geldpolitik zwar völlig unabhängig von den Regierungen, was eine solche «Lösung» erschweren dürfte. Trotzdem können Einflussnahmen der Politik nie ausgeschlossen werden.

52 Dabei ist die US-Notenbank davon ausgegangen – vielleicht vom New-Economy-Phänomen etwas geblendet –, dass sich das Produktivitätswachstum der US-Wirtschaft dauerhaft erhöht habe. Vor diesem Hintergrund (die tiefen Inflationsraten schienen dies zu bestätigen) gab es zum damaligen Zeitpunkt durchaus Argumente dafür, die Zinsen niedrig zu halten.

53 Tatsächlich wiesen die Rechnungen der Bundesfinanzen für die Jahre 2009 und 2010 schließlich sogar leichte Überschüsse auf; die Budgetzahlen waren also zu pessimistisch.

LITERATURVERZEICHNIS

Zitierte Literatur

Bernanke, Ben (2002): *Deflation – Making Sure «It» Doesn't Happen Here*, Rede vor dem National Economists Club, Washington DC, 21. November 2002. Online: www.federalreserve.gov/boarddocs/speeches/2002/20021121/default.htm (Abruf: 4. 10. 2011).

Brunetti, Aymo (2009): *Volkswirtschaftslehre – Eine Einführung für die Schweiz* (2. Auflage), Bern: hep verlag.

Eichengreen, Barry/O'Rourke, Kevin (2010): *A Tale of Two Depressions*, VoxEu.org. Online: www.voxeu.org/index.php?q=node/3421 (Abruf: 4. 10. 2011).

Eichengreen, Barry/O'Rourke, Kevin (2012): *A Tale of Two Depressions Redux*, VoxEu.org. Online: www.voxeu.org/article/tale-two-depressions-redux (Abruf: 30. 7. 2012).

Grubel, Herbert (2011): *Will There Be a Great Inflation in the Wake of the 2008 Recession?*, Burnaby: Simon Frazer University. Online: http://papers.ssrn.com/sol3/papers.cfm?abstract_id=1769127 (Abruf: 4. 10. 2011).

Hummler, Konrad (2011): *Versuch, Irrtum, Deutung: Anlagekommentare 1990–2010*, Zürich: Orell Füssli Verlag.

Mohr, Daniel (2008): *Das Elend der New Economy*, in: Braunberger, Gerald/Fehr, Benedikt (Hrsg.): *Crash: Finanzkrisen gestern und heute*, Frankfurt am Main: Verlag Frankfurter Allgemeine Zeitung.

NZZ Folio (1/2009): *Die Finanzkrise*, Zürich: Neue Zürcher Zeitung.

Philippon, Thomas/Reshef, Ariell (2009): *Wages and Human Capital in the U.S. Financial Industry 1909–2006*, NBER Working Paper No. 14644, Cambridge MA: National Bureau of Economic Research.

Reinhart, Carmen/Rogoff, Kenneth (2010): *Diesmal ist alles anders: Acht Jahrhunderte Finanzkrisen*, München: Finanzbuch Verlag.

Schaltegger, Christoph/Weder, Mark (2010): *Herausforderungen der Finanzpolitik*, in: Baltensperger, Ernst/Niepelt, Dirk/Zürcher, Boris (Hrsg.): *Wirtschaftspolitik nach der Krise*, Bern: Studienzentrum Gerzensee.

Empfehlenswerte, weiterführende Literatur

Baldwin, Richard/Gros, Daniel/Laeven, Luc (Hrsg.) (2010): *Completing the Eurozone Rescue: What More Needs to Be Done?*, London: Center for Economic Policy Research, Vox-EU E-Book. Online: www.voxeu.org/index.php?q=node/5194 (Abruf 4. 10. 2011).

Bank für Internationalen Zahlungsausgleich (2009): *Jahresbericht 2008/2009*, Basel: BIZ. Online: www.bis.org/publ/arpdf/ar2009_de.htm (Abruf 4. 10. 2011).

Bodmer, Frank/Borner, Silvio (2010): *Crash: Marktversagen – Staatsversagen*, Glarus und Chur: Verlag Rüegger.

Financial Crisis Inquiry Commission, USA (2011): *Der FCIC Report: Das Wichtigste aus dem offiziellen Untersuchungsbericht der US-Untersuchungskommission zur weltweiten Finanzkrise*, München: FinanzBuch Verlag.

Gorton, Gary (2010): *Slapped by the Invisible Hand: The Panic of 2007*, New York: Oxford University Press.

Hellwig, Martin (2010): *Finanzkrise und Reformbedarf*, Bonn: Max Planck Institute for Research on Collective Goods. Online: www.coll.mpg.de/pdf_dat/2010_19online.pdf (Abruf 4.10.2011).

Johnson, Simon/Kwack, James (2010): *13 Bankers: The Wall Street Takeover and the Next Financial Meltdown*, New York: Random House.

Münchau, Wolfgang (2008): *Kernschmelze im Finanzsystem*, München: Carl Hanser Verlag.

Roubini, Nouriel/Mihm, Stephen (2010): *Das Ende der Weltwirtschaft und ihre Zukunft: Crisis Economics*, Frankfurt und New York: Campus Verlag.

Sinn, Hans-Werner (2009): *Kasino-Kapitalismus: Wie es zur Finanzkrise kam und was jetzt zu tun ist*, Berlin: Econ.

Sorkin, Andrew Ross (2010): *Die Unfehlbaren: Wie Banker und Politiker nach der Lehman-Pleite darum kämpften, das Finanzsystem zu retten – und sich selbst*, Hamburg: Spiegel Buchverlag.

Storbeck, Olaf (2009): *Die Jahrhundertkrise: Über Finanzalchemisten, das Versagen der Notenbanken und John Maynard Keynes*, Stuttgart: Schäffer-Poeschel Verlag.

Tett, Gillian (2009): *Fool's Gold: How Unrestrained Greed Corrupted a Dream, Shattered Global Markets and Unleashed a Catastrophe*, London: Little, Brown.

ABBILDUNGSVERZEICHNIS

GLOSSAR

ABS →*Asset-backed security.*

Abschreibung Minderung von Vermögenswerten (→Assets) innerhalb eines bestimmten Zeitraums. Verliert ein Vermögensbestandteil an Wert, so muss dies in der →Bilanz eines Unternehmens durch eine Abschreibung, also eine entsprechende Reduktion des ausgewiesenen Vermögens, angepasst werden.

Abwrackprämie Konjunkturstimulierende Maßnahme (→Konjunktur), die darin besteht, fiskalische Anreize (→Fiskalpolitik) zum Ersatz eines alten durch ein neues Auto zu setzen; damit soll die Nachfrage nach neu produzierten Autos in einer Krise erhöht werden.

Aktie →Wertpapier, mit dessen Kauf sich der Anleger zum anteilsmäßigen Besitzer des Unternehmens macht; damit beteiligt er sich an der Wertsteigerung und – über die Dividende – am Gewinn des Unternehmens.

Aktivseite der →Bilanz Verwendung der Mittel einer Unternehmung, die in der →T-Darstellung einer Bilanz auf der linken Seite aufgeführt wird. Enthält alle Vermögenspositionen (→Assets), die im Besitz der Unternehmung sind.

Asset Vermögenswert. Assets finden sich auf der →Aktivseite einer →Bilanz.

Asset-backed security (ABS) Verzinsliches →Wertpapier, das aus einem Pool von Vermögenswerten zusammengesetzt ist. Die Zinsen auf diesem Wertpapier stammen von den Zinszahlungen aus den im Pool enthaltenen, einzelnen Vermögenswerten. In der Krise von besonderer Bedeutung waren Hypothekarforderungen (→Hypothek) als Basis solcher ABS.

Ausfallrisiko →Kreditausfallrisiko.

Automatische Stabilisatoren Staatliche Einnahmen und Ausgaben, die so ausgestaltet sind, dass bei einem Rückgang der gesamtwirtschaftlichen Nachfrage diese automatisch stimuliert wird. Ein Beispiel ist die Arbeitslosenversicherung, die in der Rezession höhere Ausgaben (mehr Arbeitslose) und gleichzeitig tiefere Einnahmen (weniger geleistete Arbeitsstunden) hat.

Bank run Krisensituation, bei der die meisten Einleger (→Einlagen) gleichzeitig ihre Bankguthaben abheben möchten, die Bank wegen mangelnder →liquider Mittel zu dieser Auszahlung aber nicht in der Lage ist.

Bankenkrise Krisenhafte Situation, in der das Vertrauen in die Banken so erschüttert ist, dass zahlreiche Anleger ihre →Einlagen gleichzeitig zurückfordern; eine solche Krise bedroht in der Folge nicht nur die einzelne Bank, sondern über die finanzielle Verknüpfung der Banken untereinander im Extremfall das gesamte Finanzsystem.

Bankenregulierung Durch den Staat festgelegte Regeln, die eingehalten werden müssen, damit Bankgeschäfte betrieben werden dürfen. Ziel der Regeln ist es, die Risiken für die Anleger sowie für die Stabilität des Finanzsystems zu reduzieren.

Bank für Internationalen Zahlungsausgleich (BIZ) Internationale Organisation mit Sitz in Basel, die unter anderem Regeln für die Ausstattung der Banken mit →Eigenkapital festlegt. Die BIZ verwaltet einen Teil der internationalen Währungsreserven und gilt deshalb auch als →Zentralbank der Zentralbanken.

Basel I Vom Basler Ausschuss für Bankenaufsicht der →Bank für Internationalen Zahlungsausgleich (BIZ) 1988 getroffene internationale Vereinbarung zur minimalen Eigenkapitalausstattung (→Eigenkapital) von Banken. Dabei sind die Kapitalanforderungen risikogewichtet, das heißt, riskantere Anlagen müssen mit mehr Eigenkapital unterlegt sein.

Basel II Nachfolgeregelung von «→Basel I» zur Eigenkapitalausstattung (→Eigenkapital) von Banken, Inkraftsetzung 2006. «Basel II» verfeinerte die →Risikogewichtung der Aktiven zur Berechnung der minimalen Eigenkapitalanforderung, um die tatsächlichen Risiken besser zu berücksichtigen.

Basel III Reformpaket des Basler Regelwerkes zur Bankenaufsicht, um die in der →Finanzkrise zutage getretenen Probleme von «→Basel II» zu mildern.

Bilanz Darstellung der Vermögenswerte (→Aktivseite) eines Unternehmens und deren Finanzierung (→Passivseite) zu einem bestimmten Zeitpunkt.

Bilanzsumme Summe der gesamten Vermögenswerte (→Assets) in Besitz einer Unternehmung; auch Bilanzlänge genannt.

BIP →Bruttoinlandprodukt.

BIZ →Bank für Internationalen Zahlungsausgleich.

Bonität Kreditwürdigkeit. Fähigkeit eines Schuldners, aufgenommene Kredite mitsamt der Zinsen wie vereinbart zurückzuzahlen.

Bruttoinlandprodukt (BIP) Wert der gesamten Produktion (abzüglich Vorleistungen) von Gütern und Dienstleistungen während eines Jahres in einem Land.

Budgetdefizit Betrag, um den die Ausgaben eines öffentlichen Haushalts innerhalb einer Budgetperiode dessen Einnahmen übersteigen.

CDO →*Collateralized debt obligation.*

CDS →*Credit default swap.*

Collateralized debt obligation (CDO) In eine Zweckgesellschaft (→*special purpose vehicle*, SPV) werden Tranchen aus verbrieften →Wertpapieren (→*asset-backed securities*, ABS) eingebracht, und daraus wird ein neues Wertpapier konstruiert, das wiederum in verschieden riskante Tranchen unterteilt wird.

Commercial Paper Kurzfristiges →Wertpapier, das auf dem →Geldmarkt durch erstklassige Schuldner – meist große, internationale Unternehmen – ausgegeben wird. Es dient der kurzfristigen Liquiditätsbeschaffung (→Liquidität).

Credit crunch (Kreditklemme) Begrenzung des Kreditangebots auch für gute Schuldner. Eine solche Kreditverknappung kann in →Finanzkrisen entstehen, wenn Banken Probleme haben, an genügend →liquide Mittel heranzukommen.

Credit default swap (CDS) Versicherung für das Ausfallrisiko eines Kreditnehmers. Gegen eine Prämie kann sich der Investor davor schützen, dass der Kreditnehmer seine Schulden nicht bedienen kann. Je höher dieses Risiko, desto höher ist die Prämie.

Deflation Anhaltender Rückgang des Preisniveaus (Preise aller Güter).

EFSF → *European Financial Stability Facility.*

Eigenhandel Bankgeschäft, das darin besteht, → Wertpapiere auf eigene Rechnung zu handeln, um daraus einen Gewinn zu erzielen.

Eigenkapital Finanzierung der Vermögenswerte eines Unternehmens über die Miteigentümer des Unternehmens. → Abschreibungen von Vermögenswerten gehen zulasten des Eigenkapitals.

Eigenkapitalquote → Eigenkapital eines Unternehmens in Prozent der → Bilanzsumme.

Einlagen Von Kunden bei Banken gehaltene, jederzeit abrufbare Gelder. Ökonomisch betrachtet, sind Einlagen Darlehen der Kunden an die Bank, für die Bank also → Fremdkapital.

Ertragsbilanz Teilbilanz der → Zahlungsbilanz, welche hauptsächlich alle Einnahmen und Ausgaben aus dem internationalen Handel erfasst. Die Ertragsbilanz wird auch als Leistungsbilanz bezeichnet. Bei einem Ertragsbilanzdefizit sind die Ausgaben im internationalen Handel größer als die Einnahmen.

ESM → *European Stability Mechanism.*

Euroländer → Eurozone.

Europäische Zentralbank (EZB) Unabhängige → Notenbank mit Sitz in Frankfurt am Main, die gemeinsam mit den nationalen Notenbanken die → Geldpolitik der → Eurozone verantwortet.

European Stability Mechanism (ESM) Mechanismus der Europäischen Wirtschafts- und Währungsunion, der 2013 in Kraft tritt und dann die → *European Financial Stability Facility* ersetzt. Zielt darauf ab, die krisenhaften Folgen der → Überschuldung einzelner Mitgliedsstaaten der → Eurozone abzumildern. Dies insbesondere über außerordentliche Kredite an notleidende Staatshaushalte.

European Financial Stability Facility (EFSF) Von den Euroländern 2010 gegründete Zweckgesellschaft, die auf dem → Kapitalmarkt Anleihen platziert, um die Maßnahmen des Europäischen Rettungsschirms zu finanzieren; die EFSF wird auch als «Euro-Rettungsschirm» bezeichnet. Sie läuft 2013 aus und wird durch den dauerhaften → *European Stability Mechanism* ersetzt.

Eurozone Gruppe von Mitgliedsstaaten der Europäischen Union, die den Euro offiziell als Währung eingeführt hat.

EZB → Europäische Zentralbank.

Fed → *Federal Reserve System.*

Federal Reserve System (Fed) Unabhängige → Notenbank mit Sitz in Washington, die gemeinsam mit den regionalen Notenbanken die → Geldpolitik der USA verantwortet.

Finanzkrise Starke Erschütterung auf den → Finanzmärkten, die durch abrupte Rückgänge von Vermögenswerten und die Zahlungsunfähigkeit zahlreicher Unternehmen vor allem im Finanzsektor gekennzeichnet ist.

Finanzmarkt Organisierter Markt, auf dem → Wertpapiere gehandelt werden.

Finanzmarktblase Übermäßiger, von der realen Wirtschaftsentwicklung abgekoppelter Preisanstieg für → Wertpapiere (z. B. → Aktien) oder Wertobjekte (z. B. Immobilien).

Fire sale Panikartiger Verkauf von Vermögenswerten durch vom Konkurs bedrohte Unternehmen. Wenn in einer →Finanzkrise zahlreiche Banken gleichzeitig ihre Vermögenswerte verkaufen, um an →liquide Mittel zu kommen, führt dies zu einem Einbruch der Preise, der das Problem verschlimmert.

Fiskalpolitik Beeinflussung der →Konjunktur durch Ausdehnung oder Senkung der Staatseinnahmen (Steuern) und -ausgaben.

Fremdkapital Finanzierung der Vermögenswerte eines Unternehmens über Geldgeber, die nicht Eigentümer des Unternehmens sind.

Geldmarkt Teil des →Finanzmarkts, auf dem sich die Banken gegenseitig kurzfristige Kredite gewähren.

Geldmarktfonds Investmentfonds, die in Geldmarktpapiere (→*commercial papers*) und liquide →Wertpapiere mit sehr kurzer Laufzeit investieren.

Geldpolitik Steuerung des Geldangebots durch die →Zentralbank. Bei einer expansiven Geldpolitik wird die Geldmenge erhöht, bei einer restriktiven reduziert.

Geldschöpfung Schaffung von Geld, indem die →Zentralbank den →Geschäftsbanken und schließlich die Geschäftsbanken weiteren Akteuren Kredite gewähren.

Geschäftsbank Kommerzielles Geldinstitut, das Gelder entgegennimmt und als Kredite vergibt. Alle Banken außer der →Zentralbank werden als Geschäftsbanken bezeichnet.

GIPS-Länder Abkürzung für Griechenland, Irland, Portugal und Spanien, also diejenigen Länder, deren Staatshaushalte ab 2010 eine krisenhafte Verschlechterung erlebten. Die GIPS werden auch als PIGS oder PIIGS bezeichnet, wobei der letztere Begriff zusätzlich Italien einschließt.

Große Depression Massiver, lang anhaltender Wirtschaftseinbruch, der mit dem Börsencrash von 1929 begann und alle Industriestaaten erfasste. Die Große Depression war gekennzeichnet durch Bankenzusammenbrüche, ausserordentlich hohe Arbeitslosigkeit, →Deflation und schrumpfende Produktion.

Hedgefonds Investmentfonds, die auf eigene Rechnung für wenige große Investoren Anlagen tätigen.

Hypothek, Hypothekarkredit Bankkredit an Haushalte oder Unternehmen zur Finanzierung von Immobilien. Die Immobilie dient der Bank dabei als Sicherheit.

Illiquidität Zahlungsunfähigkeit. Ein illiquides Unternehmen verfügt nicht über genügend →liquide Mittel, um den Gläubigern kurzfristige Kredite zurückzuzahlen. Wichtiges Anwendungsbeispiel ist eine Bank, die Einlegern (→Einlagen) ihre Guthaben wegen mangelnder liquider Mittel nicht auszahlen kann.

Inflation Anstieg des generellen Preisniveaus, meist gemessen als prozentuale Zunahme des Preises ausgewählter Waren («Warenkorb»).

Insolvenz Situation, in der ein Unternehmen nicht über genügend Vermögenswerte verfügt, um das →Fremdkapital zurückzuzahlen.

Internationaler Währungsfonds (IWF) Internationale Organisation, die unter anderem zum Ziel hat, die Stabilität des internationalen Finanzsystems zu fördern.

Investmentbank Bank, die v. a. Unternehmen bei Finanzmarktgeschäften (→Finanzmarkt) unterstützt. Meist auch im →Eigenhandel engagiert.

IWF →Internationaler Währungsfonds.

Kapitalmarkt Markt, auf dem sich die Unternehmen und der Staat Geld in Form von langfristigen Krediten beschaffen können.

Konjunktur Schwankungen der wirtschaftlichen Entwicklung über die Zeit.

Konjunkturstabilisierung Wirtschaftspolitische Maßnahmen zur Eindämmung konjunktureller Schwankungen; meist über Formen der →Geldpolitik oder der →Fiskalpolitik.

Kreditausfallrisiko Gefahr im Bankgeschäft, dass die Kreditnehmer einen Kredit nicht mehr bedienen oder zurückzahlen können.

Leistungsbilanz →Ertragsbilanz.

Leitzins Kurzfristiger Zinssatz, den die →Zentralbanken festlegen oder beeinflussen können; dient auch als Referenzgröße für die Kommunikation über die Ausrichtung der →Geldpolitik.

Lender of last resort Institution, die als Kreditgeber fungiert, wenn niemand mehr bereit ist, einen Kredit zu vergeben. Diese Rolle wird in der Regel durch →Zentralbanken wahrgenommen.

Leverage Verschuldungsgrad einer Unternehmung. Wörtlich übersetzt bedeutet der Begriff «Hebel» und drückt damit aus, dass mit der Aufnahme von →Fremdkapital die Rendite des →Eigenkapitals deutlich erhöht («gehebelt») werden kann.

Leverage ratio Verhältnis von →Fremdkapital zu →Eigenkapital. Je höher die *leverage ratio*, desto größer ist die Verschuldung eines Unternehmens – und desto größer sind das Risiko und die Renditemöglichkeiten.

Liquide Mittel («Flüssige») finanzielle Mittel wie z. B. Bargeld oder ohne Verzug abrufbare Kontoguthaben, mit denen Zahlungen getätigt werden können.

Liquidität Leichtigkeit, mit der man ein →Wertpapier oder ein Kontoguthaben zu Geld machen kann, um damit Zahlungen zu tätigen.

Liquiditätsrisiko Gefahr im Bankgeschäft, dass eine Bank nicht über genügend →liquide Mittel verfügt oder solche beschaffen kann, um Fremdkapitalgeber (→Fremdkapital) zu bedienen, die ihr Geld zurückhaben möchten.

Living will Konzept zur Regulierung von →Too-big-to-fail-Banken, das diese dazu verpflichtet, jederzeit glaubhaft darzulegen, wie ein Konkurs ohne Staatshilfe abgewickelt werden könnte.

Makroökonomie Teilgebiet der Volkswirtschaftslehre, das sich mit gesamtwirtschaftlichen Phänomenen wie der Inflation oder den Konjunkturschwankungen befasst.

Mark to market Regulatorische Vorgabe, die besagt, dass Unternehmen ihre Vermögenswerte zum aktuellen Marktwert bewerten müssen.

Marktrisiko Risiko, dass bei einer Bank, die →Eigenhandel betreibt, der Marktwert der gehaltenen →Wertpapiere drastisch einbrechen kann und damit die Solvenz einer wenig kapitalisierten Bank gefährdet.

Monetisierung (der Verschuldung) Finanzierung von Staatsschulden über die →Geldschöpfung. Führt zu einer hohen →Inflation und reduziert damit zusätzlich den realen Wert der bestehenden Verschuldung.

Moral hazard Anreiz für zu große Risikobereitschaft, die entsteht, wenn ein Akteur im Erfolgsfall die Erträge behalten kann, nicht aber alle Kosten selber tragen muss, wenn etwas schiefläuft und zum Beispiel Verluste entstehen.

New Economy Begriff für die strukturellen Veränderungen durch die Verbreitung der neuen Informations- und Kommunikationstechnologien (Internet) in der Wirtschaft. Um die Jahrtausendwende führten die übersteigerten Erwartungen in das Potenzial des Internets zu einer Blase auf Teilen des Aktienmarktes, die 2001 platzte.

NINJA-Kredite Despektierlicher Ausdruck für unverantwortliche Kredite auf dem Höhepunkt des Immobilienbooms in den USA. Kredite wurden damals auch an Personen vergeben, die über **n**o **i**ncome, **n**o **j**ob or →**a**ssets verfügten, also üblicherweise nicht als kreditwürdig gelten.

No-Bailout-Regel (auch Nichtbeistandsklausel) Regelung im EU-Vertrag zur Europäischen Wirtschafts- und Währungsunion, welche die Haftung der Europäischen Union sowie aller Mitgliedsländer für die Schulden anderer Mitgliedsländer explizit ausschließt.

Notenbank →Zentralbank.

Obligation →Wertpapier, das bezeugt, dass man dem ausstellenden Unternehmen einen Kredit gegeben und damit einen Anspruch auf einen vereinbarten jährlichen Zins hat.

Passivseite der →Bilanz Die Mittelherkunft einer Unternehmung, die in der →T-Darstellung einer Bilanz auf der rechten Seite aufgeführt wird. Enthält die Finanzierungsquellen, unterteilt in →Eigenkapital und →Fremdkapital.

Ratingagentur Unternehmen, das gewerbsmäßig die Kreditwürdigkeit (→Bonität) von Unternehmen, Staaten oder Finanzmarktprodukten bewertet und in Buchstabencodes zusammenfasst, die in der Regel von AAA (höchste Qualität) bis D (zahlungsunfähig) reichen. Bekannte international tätige Ratingagenturen sind Moody's, Standard & Poor's oder Fitch.

Risikogewichtung Gewichtung der Vermögenswerte (→Assets) einer Bank nach dem Risiko. Je höher das Risiko, desto höher das Gewicht und desto mehr →Eigenkapital muss zur Absicherung gehalten werden. Auf Basis der Summe aller risikogewichteten Assets wird das insgesamt erforderliche Eigenkapital einer Bank festgelegt.

Risikoprämie Zusatzrendite, die eine Anlage gegenüber einer risikolosen Investition mindestens bieten muss, damit sie Käufer findet. Je riskanter eine Investition, desto größer ist dieser Aufschlag.

Schattenbanken Institutionen, die Bankgeschäfte betreiben, aber nicht der →Bankenregulierung unterstehen.

Schweizerische Nationalbank (SNB) Unabhängige →Notenbank, welche die →Geldpolitik der Schweiz verantwortet.

SNB →Schweizerische Nationalbank.

Special purpose vehicle (SPV) Zweckgesellschaft. Beispiel von SPVs sind die Tochtergesellschaften der →Investmentbanken, in denen die ABS-Geschäfte (→*asset-backed securities*) abgewickelt wurden.

SPV →*Special purpose vehicle.*

Staatsanleihen →Obligationen, mit denen sich der Staat auf den →Finanzmärkten verschuldet.

Staatsbankrott Unfähigkeit eines Staates, seinen finanziellen Verpflichtungen nachzukommen. Die Bedienung der Staatsschulden wird teilweise oder vollständig ausgesetzt.

Staatsverschuldung Alle Schulden der öffentlichen Haushalte.

Stabilitäts- und Wachstumspakt Rechtliche Vereinbarung innerhalb der Europäischen Wirtschafts- und Währungsunion, welche die Mitgliedsländer auf eine nachhaltige Staatsfinanzierung verpflichtet. In wirtschaftlich normalen Zeiten müssen die Länder demgemäß einen ausgeglichenen Staatshaushalt aufweisen.

Stimulierungspaket Positive Beeinflussung der gesamtwirtschaftlichen Nachfrage mittels wirtschaftspolitischer Maßnahmen.

Strukturelles Budgetdefizit Betrag, um den die Staatsausgaben bei ausgeglichener Konjunkturlage (→Konjunktur) die Staateinnahmen übersteigen.

Strukturierung von ABS Aufteilung eines durch Vermögenswerte gedeckten →Wertpapiers (→*asset-backed securities*, ABS) in verschieden riskante Tranchen, die an unterschiedlich risikofreudige Anleger verkauft werden.

Subprime-Markt Teil des Hypothekarmarktes (→Hypothek), der überwiegend Kreditnehmer mit schlechter bzw. niedriger →Bonität bedient.

T-Darstellung Aufstellung einer →Bilanz mit →Aktivseite (links, Vermögenswerte) und →Passivseite (rechts, Mittelherkunft).

Too big to fail («zu groß, um zu scheitern») Problem, dass gewisse Banken so groß sind, dass sie nicht in Konkurs gehen können, ohne das gesamte Finanzsystem zu gefährden.

Überschuldung →Insolvenz.

Umschuldung Wenn Gläubiger einem zahlungsunfähigen Schuldner einen Teil der Schuld erlassen, um dessen Zahlungsfähigkeit wiederherzustellen und dadurch einen Totalausfall zu vermeiden.

Unkonventionelle →Geldpolitik Geldpolitische Maßnahme, die nicht auf eine Beeinflussung der kurzfristigen Zinsen zielt; zum Beispiel Kauf langfristiger →Wertpapiere, um langfristige Zinsen zu senken.

Unterkapitalisierung Wenn ein Unternehmen über zu wenig →Eigenkapital verfügt und damit von der →Insolvenz bedroht ist.

Verbriefung Bündelung einer großen Zahl von zinstragenden Vermögenswerten (z. B. →Hypotheken) zu einem handelbaren →Wertpapier; die an die Halter des Wertpapiers bezahlten Zinsen werden z. B. mit den regelmäßigen Hypothekarzinszahlungen der Haushalte finanziert.

Verschuldungsquote Gesamter Bestand der → Staatsverschuldung, gemessen in Prozent des nominalen → BIP eines Jahres.

Wertpapier Dokument, das den Inhaber als Eigentümer einer Sache oder einer Forderung ausweist und deshalb einen Wert besitzt. Im engeren Sinne werden Finanzmarkttitel wie → Aktien oder → Obligationen als Wertpapiere bezeichnet.

Wettbewerbsfähigkeit Fähigkeit eines Unternehmens oder einer Branche, im Markt zu bestehen.

Zahlungsbilanz → Bilanz, die alle internationalen Transaktionen eines Landes erfasst und per Definition immer ausgeglichen sein muss. Sie zeigt das Ausmaß der internationalen Verflechtung einer Volkswirtschaft.

Zentralbank Institution, die im Gesamtinteresse des Landes für die → Geldpolitik verantwortlich ist.

Zinsdifferenzgeschäft Traditionelles Bankgeschäft; die Bank verdient daran, dass ihre Zinszahlungen an die Einleger (→ Einlagen) tiefer sind als die Zinsen, die sie aus der Kreditvergabe erzielt.

STICHWORTVERZEICHNIS